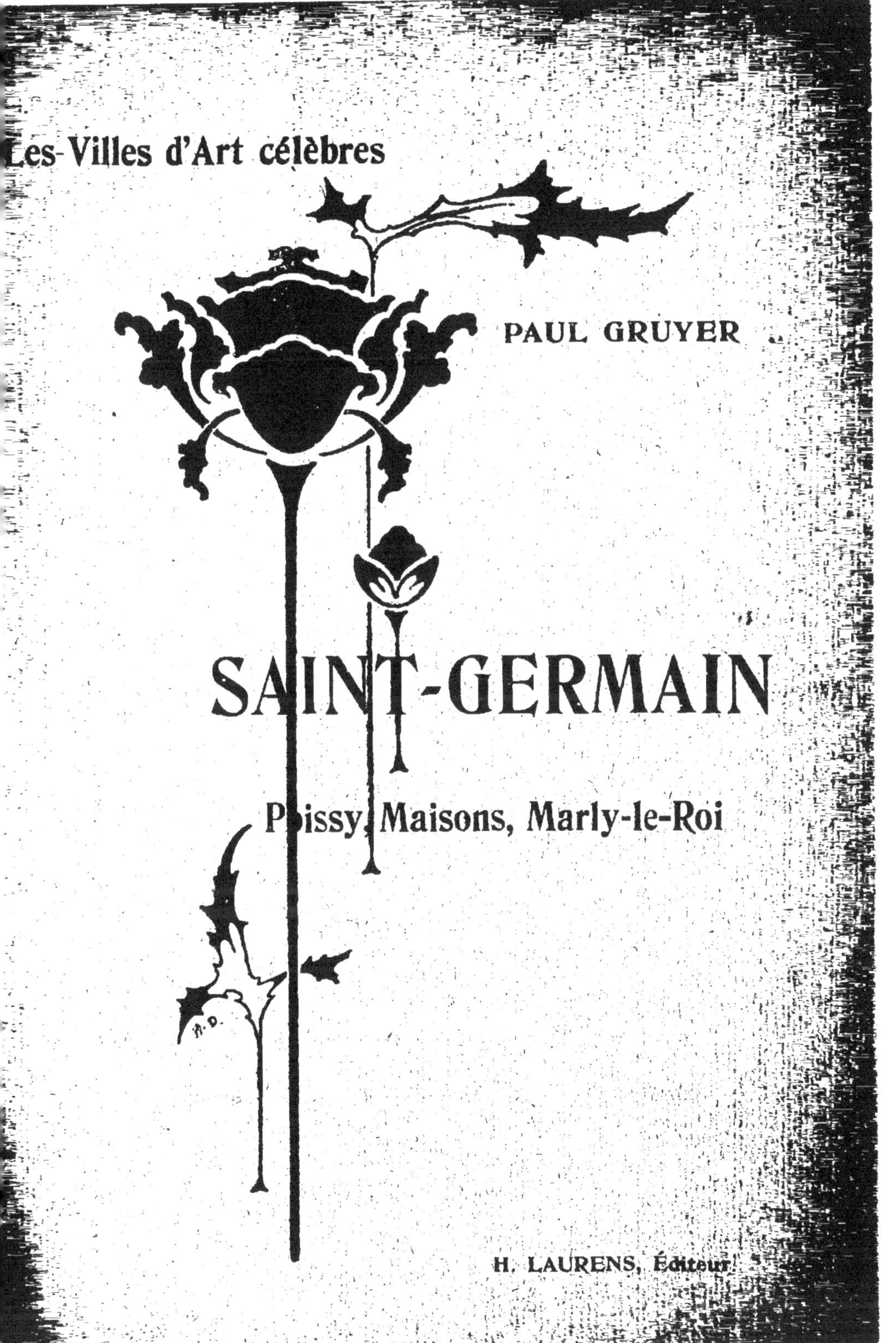
Les Villes d'Art célèbres
PAUL GRUYER
SAINT-GERMAIN
Poissy, Maisons, Marly-le-Roi
H. LAURENS, Éditeur

LES VILLES D'ART CÉLÈBRES

SAINT-GERMAIN

LES VILLES D'ART CÉLÈBRES

(NOUVELLE SÉRIE 21 × 14)

Avignon, par André Hallays.
Caen et Bayeux, par Henri Prentout.
Florence, par Emile Gebhart.
Le Puy et le Velay, par J. Langlade.
Nancy, par André Hallays.
Rouen, par Camille Enlart.
Saint-Germain, par Paul Gruyer.
Versailles, par André Pératé.

(ANCIENNE SÉRIE 26 × 19)

Amsterdam et Harlem, par L. Dumont-Wilden.
Barcelone, par G. Desdevises du Dézert.
Bologne, par P. de Bouchaud.
Carthage, par R. Cagnat, de l'Institut.
Le Caire, par Gaston Migeon.
Cologne, par L. Réau.
Constantinople, par H. Barth.
Cracovie, par Marie-Anne de Bovet.
Dijon et Beaune, par A. Kleinclausz.
Dresde, par Georges Servières.
Gênes, par J. de Foville.
Londres, par Joseph Aynard.
Milan, par Pierre-Gauthiez.
Moscou, par L. Leger, de l'Institut.
Munich, par J. Chantavoine.
Nevers, par J. Locquin.
Nuremberg, par G. Rée.
Orléans et le val de Loire, par G. Rigault.
Palerme et Syracuse, par Ch. Diehl, de l'Institut.
Paris, par G. Riat.
Pérouse, par René Schneider.
Pise et Lucques, par J. de Foville.
Pompéi (*Vie publique*), par H. Thédenat.
Prague, par L. Leger.
Rome (*Des Catacombes à Jules II*), par E. Bertaux.
Rome (*De Jules II à nos jours*), par E. Bertaux.
Rome, 3 *vol. réunis.*
Saint-Pétersbourg, par Louis Réau.
Ségovie, par Henri Guerlin.
Séville, par Ch. Schmidt.
Stockholm et Upsal, par Lucien Maury.
Tours, par Paul Vitry.
Venise, par Pierre Gusman.

LES VILLES D'ART CÉLÈBRES

SAINT-GERMAIN

Poissy, Maisons, Marly-le-Roi

PAR

PAUL GRUYER

Ouvrage illustré de 84 gravures et d'un plan.

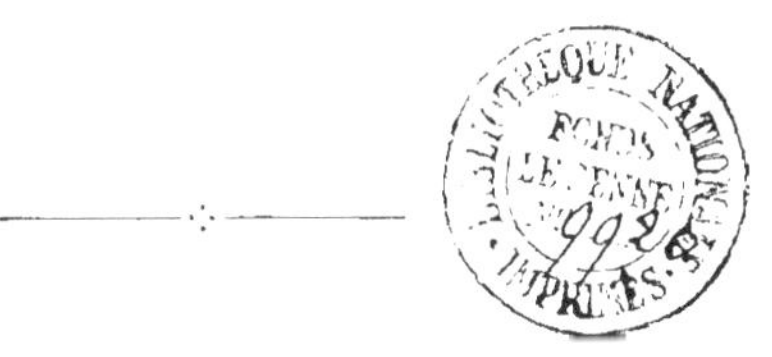

PARIS
HENRI LAURENS, ÉDITEUR
6, RUE DE TOURNON, 6

1922

Chateau de Saint-Germain. — 1er Étage. Anciens Appartements Royaux. Disposition des pièces à l'époque de Louis XIV (p. 61). avant les remaniements de 1680.

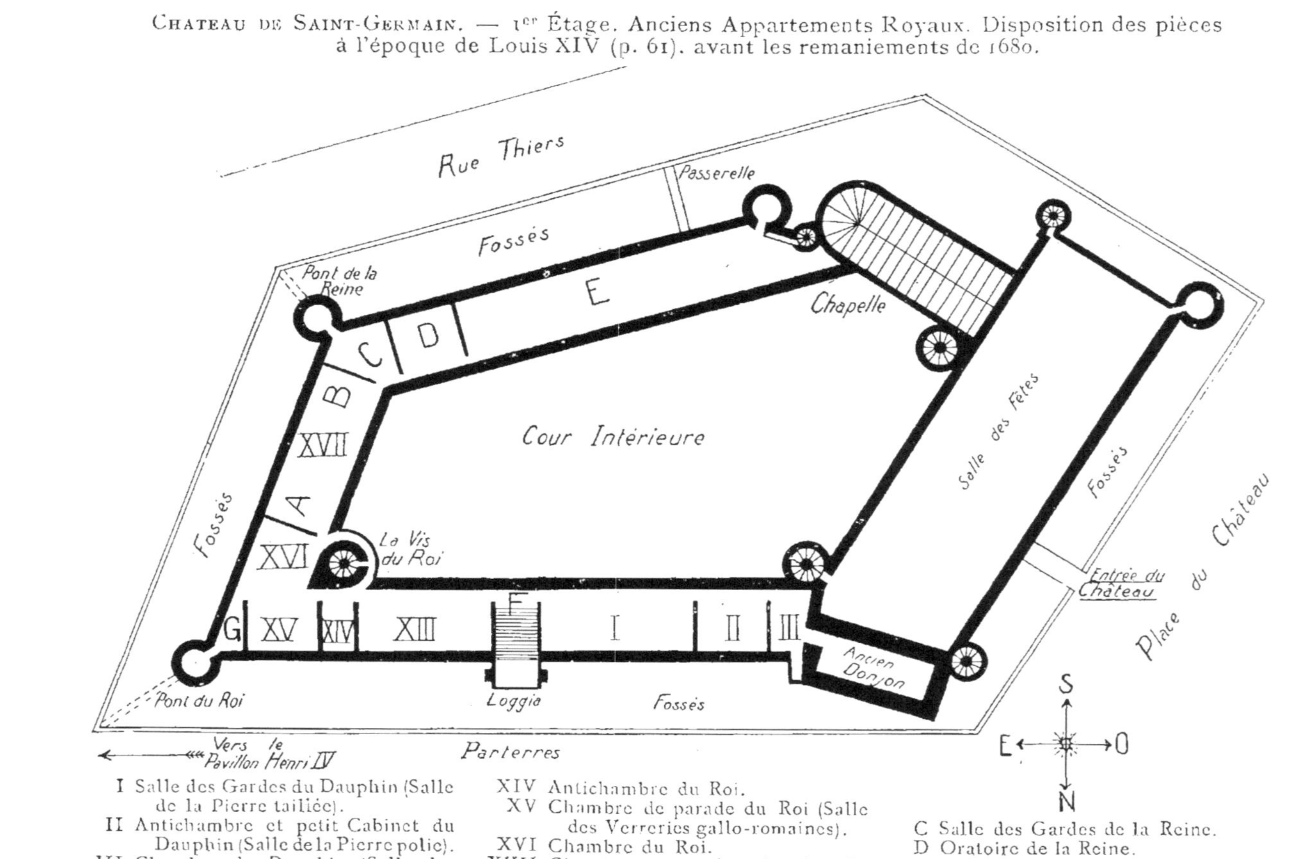

I Salle des Gardes du Dauphin (Salle de la Pierre taillée).
II Antichambre et petit Cabinet du Dauphin (Salle de la Pierre polie).
III Chambre du Dauphin (Salle des

XIV Antichambre du Roi.
XV Chambre de parade du Roi (Salle des Verreries gallo-romaines).
XVI Chambre du Roi.
XVII Chambre (A) et Antichambre (B)

C Salle des Gardes de la Reine.
D Oratoire de la Reine.
E Appartement des Enfants de France

AVANT-PROPOS

Dans ce même volume nous avons réuni quatre anciennes Résidences Royales, qui de quelques kilomètres seulement sont distantes entre elles : Saint-Germain comme centre et, autour de lui, Maisons, Poissy et Marly-le-Roi. Les époques où elles virent le jour sont diverses et, dans l'histoire, divers fut leur sort. La plus ancienne est Poissy, où les Rois mérovingiens avaient déjà un palais et qui, selon la légende, vit éclore les Fleurs de Lys royales. Clotilde, femme de Clovis, si l'on en croit les vieux chroniqueurs, se trouvait dans son château de Poissy, en 496, l'année de la bataille de Tolbiac. Avant d'engager le combat contre ses ennemis, le Roi dépêcha vers elle un messager, lui demandant de lui donner un étendard par lequel il vaincrait. Clotilde s'en alla consulter un saint ermite qui habitait dans les bois environnants, et le pria de bien vouloir la conseiller. Le religieux cueillit, dans le jardinet qu'il cultivait autour de sa hutte, trois fleurs de lys et, ayant étendu sur le sol un linge blanc, les y jeta. Elles s'imprimèrent sur l'étoffe et Clotilde envoya à son époux le nouveau labarum de la royauté. De ce Château, où naquit Saint Louis, plus rien ne subsiste aujourd'hui, ni de la royale Abbaye fondée par Philippe le Bel et de sa magnifique Église Abbatiale. Poissy n'a conservé qu'une autre belle église et l'incomparable beauté de son site. Plus heureux, après des avatars divers et de nombreux remaniements, a survécu le Château de Saint-Germain, qu'ont habité des lignées de Rois, depuis Robert le Pieux et Saint Louis, jusqu'à François Ier, qui renouvela complètement l'ancienne forteresse féodale, et Louis XIV, qui abandonna pour Versailles l'antique résidence de ses pères. Maisons, que nous appelons aujourd'hui Maisons-Laffitte, ne fut d'abord qu'un superbe logis privé, édifié au milieu du XVIIe *siècle, qui compta Louis XIV et Louis XV parmi ses hôtes et devint, en* 1777, *propriété du Comte d'Artois, le futur Louis XVIII. De toutes ces belles demeures, c'est la plus intacte qui soit parvenue jusqu'à nous. De Marly, hélas ! dont Louis XIV fit, comme à Versailles, surgir de terre la féerie architecturale, combinée, par Mansart et par Lebrun, avec celle des jardins et des eaux jaillissantes, rien, par contre, ne survit que la beauté du site et son dessin, et quelques ruines pensives, où le passant en est réduit à évoquer le passé. Tel est, dans son ensemble, le cycle d'histoire et d'art que nous invitons le promeneur à parcourir avec nous.*

Paul GRUYER.

SAINT-GERMAIN

Saint-Germain et ses origines. — François Ier transforme l'ancien Château. — Marie Stuart à Saint-Germain. — Henri IV et le « Château Neuf ». — Louis XIII. — Louis XIV à Saint-Germain. — Il reçoit au Château Jacques II d'Angleterre. — De Louis XIV à nos jours. — La restauration de 1862. — Le Château actuel. — Le Musée des Antiquités Nationales de la France. — La Terrasse, les Pavillons Henri IV et de Sully et les anciennes Grottes Mythologiques du Château Neuf. — La Ville. — La Forêt, les Loges, la Muette, les Chênes à ex-voto et les Croix.

Si la splendeur énorme de Versailles attire davantage aujourd'hui notre pensée, si de la royauté française qui, avec Louis XIV, y atteignit son apogée et y connut son crépuscule, avec Louis XVI, Versailles est demeuré pour nous comme le symbole même, c'est SAINT-GERMAIN qui, durant des siècles, fut, près de Paris, la résidence favorite de nos rois, et leurs générations successives y ont marqué leur empreinte.

Le premier, voici de cela bientôt mille ans, le fils d'Hugues Capet, Robert le Pieux, le « bon Roi Robert » de la légende, qui, tout assidu qu'il fût à distribuer son bien aux pauvres et à lire le Psautier, n'en fut pas moins excommunié pour avoir épousé la Reine Berthe, sa proche parente, et, en punition du ciel, comme il tardait à se soumettre, fut affligé d'un enfant muni d'une tête d'oie, le premier, disons-nous, Robert éleva dans l'antique *Forêt de Lida* un monastère et une église, vers 1021, sous l'invocation de Saint Germain, ainsi qu'un Pavillon de Chasse et de Repos, proche de l'emplacement actuel des Loges. Le pays, cela va de soi, ne ressemblait guère à ce qu'il est aujourd'hui. Cette Forêt de Lida, Lédia, ou Léia, d'où la ville de Saint-Germain a, par la suite, tiré son nom de *Saint-Germain-en-Laye*, n'était qu'un morceau de l'immense Forêt d'Yveline, qui étendait jusqu'aux portes de Paris sa large vague verte, englobant la Forêt de Saint-Germain actuelle, celle de Marly, alors Forêt de Cruye, les Bois de Garches, de Meudon et de Versailles, et se raccordait, d'un seul tenant, avec la Forêt de Rambouillet. Dès le VIIIe siècle, cette vaste étendue boisée, à peine trouée de mauvais chemins et plus qu'à demi sauvage, où les métairies établies par quelques Cénobites, qui avaient succédé aux Druides, commençaient les premiers défrichements, où les clochettes de quelques chapelles, desservies par ces pieux et rudes ermites, tintaient seules dans ces solitudes désertiques, au hurlement effaré des loups, avait été donnée par les rois mérovingiens tant à l'Abbaye de Saint-Denis qu'à diverses autres églises et abbayes. L'Abbaye de Saint-Germain-des-Prés, à Paris, notamment, fondée en 558, sous le vocable primitif de Saint Vincent et de la sainte Croix, possédait près de 180.000 hectares de forêt.

Autant que par sa beauté pittoresque, la forte position du site de Saint-Germain, avec ses coteaux qui dominent la Seine et son vaste horizon sur lequel apparaissent au loin Saint-Denis et, plus près, le renflement du Mont Valérien cachant Paris, attira l'attention de Louis le Gros qui fit (XIIe siècle) construire un robuste Château-Fort, commandant la vallée du fleuve et l'un des points d'accès stratégiques qu'elle offre vers la capitale. Son fils, Louis VII, dit le Jeune, Philippe Auguste, Saint Louis, Philippe le Hardi et Philippe le Bel firent dans ce Château de fréquents séjours. Philippe le Long y proclama la « Loi Salique », qui interdisait aux femmes

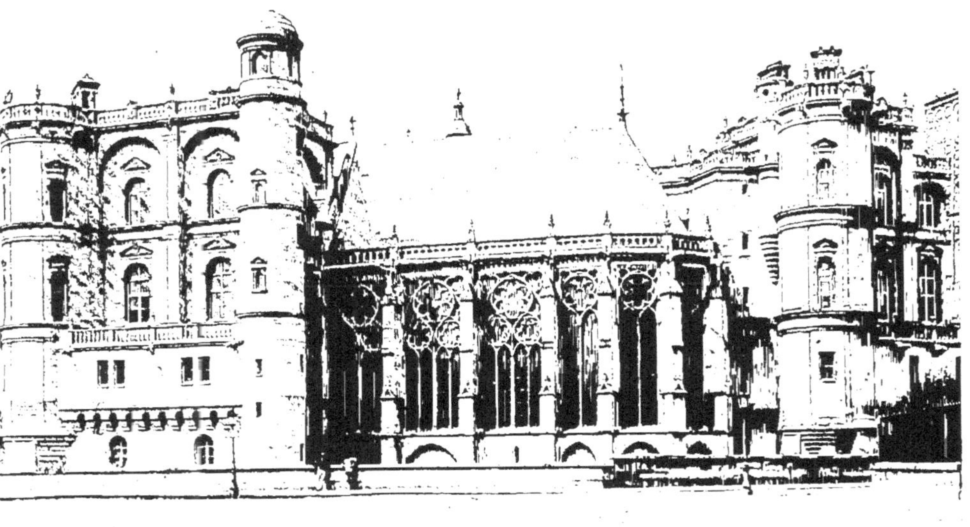

Photo N. D.

La Chapelle de Saint-Louis, dans son état actuel.

la succession de la Couronne de France. Nous retrouverons à Poissy, où il est né, le souvenir de Saint Louis, qui dota le Château de Saint-Germain d'une magnifique Chapelle gothique, existante encore (p. 55). La royale demeure ne tarda pas à attirer autour d'elle un noyau de nobles, accompagnés de leurs serfs, ainsi qu'une colonie de bourgeois et d'artisans, qui

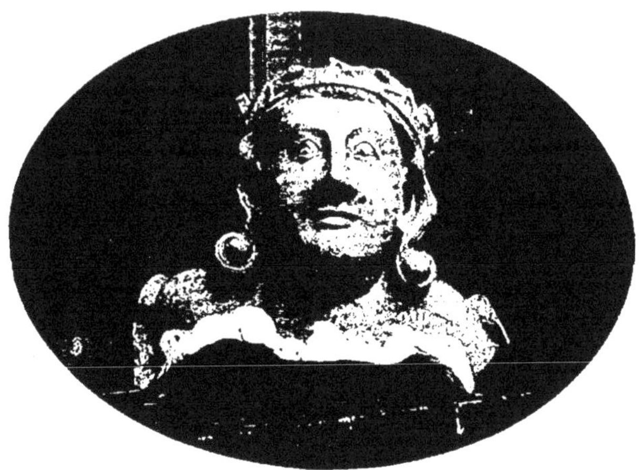

Photo Gruyer.

Clef de Voûte de la Chapelle du Château, figurant Saint Louis (vu de face).

vinrent s'abriter à son ombre, et ce fut l'embryon de la ville. Celle-ci n'était encore, au milieu du XVIIe siècle, qu'un simple bourg, entouré d'un rempart fortifié. Elle ne commencera réellement à croître qu'à partir de Louis XIV.

Le Château tint bon jusqu'en 1346, année tragique de la bataille de Crécy et de la prise de Calais par les Anglais qui, remontant la vallée de la Seine, sous la conduite du Prince de Galles, incendièrent Pont-de-l'Arche, Vernon, Mantes, Meulan et Poissy. Saint-Germain subit le même sort. Rien ne subsista du Château que deux tours carrées, à deux de ses angles, et la Chapelle de Saint Louis. Charles V, dit le Sage, répara de son mieux les dégâts de la guerre et « moult fit réédifier, notablement le Chastel de Saint-Germain-en-Laye », écrit la vénitienne Christine de Pisan, fille de l'astrologue royal. Il le flanqua d'un nouveau Donjon, vers 1368, et derrière ses pont-levis, ses murailles épaisses et ses larges

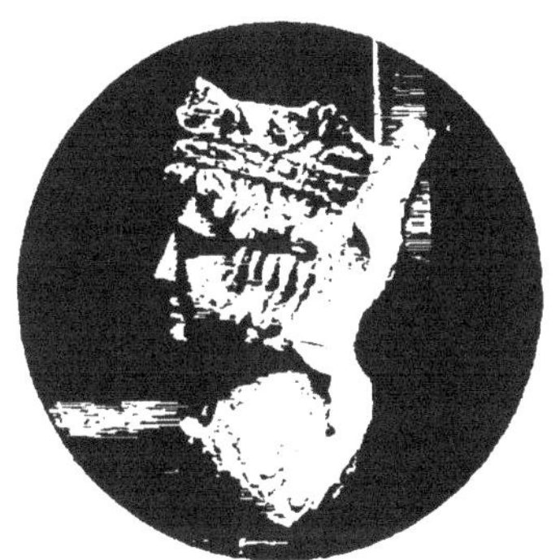

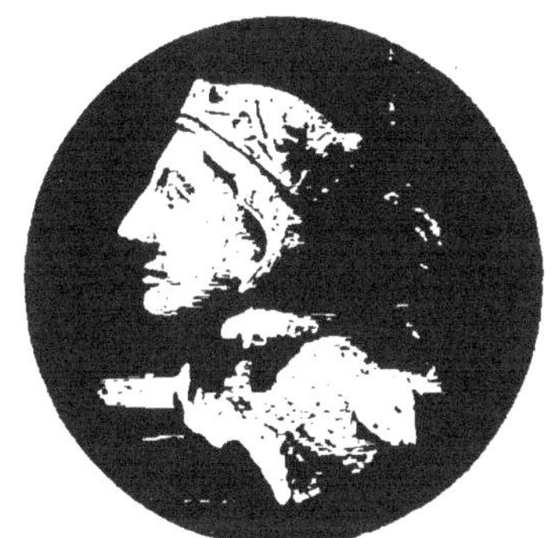

Photo- Gruyer.

Clefs de Voûte de la Chapelle du Château,

Une princesse de France (femme ou mère du roi). Saint Louis (vu de profil).

fossés pleins d'eau stagnante, de grenouilles et de joncs, s'y ménagea en même temps un logis de plaisance, aux étroites fenêtres, garnies de vitraux plombés. Durant les luttes avec les Anglais, qui recommencèrent sous les successeurs de Charles V, le Castel passa de mains en mains et, en 1438, la trahison d'un religieux de Nanterre qui, ayant fait fabriquer de fausses clefs, alla les vendre, à Rouen, au comte de Warwick, pour trois cents talents d'or, le livra à l'ennemi. Arrêté, le moine coupable fut condamné au cachot perpétuel, aux fers, au pain et à l'eau, jusqu'à sa mort. Saint-

Germain fit ensuite retour à Charles VII. En 1482, Louis XI en gratifia son médecin, Jacques Coythier, ou Coictier. A la mort du roi, l'année suivante, le Parlement cassa cette roturière donation et rendit le Château à la Couronne.

Charles VIII et Louis XII se complurent à l'habiter, et Louis XII y maria, en 1514, sa fille, Claude de France, avec le duc d'Angoulême, âgé de vingt ans, qui devait, quelques mois plus tard, devenir François Ier. De ce mariage y naquit, le 31 mars 1519, Henri II et, en 1527, Henri d'Albret, roi de Navarre, y épousa Marguerite de Valois, sœur du roi de France.

Les mœurs commencent à s'adoucir, l'architecture à se faire plus avenante, et François Ier, en 1539, ordonne de jeter bas le Castel féodal, exception faite du Donjon de Charles V et, cette fois encore, de la Chapelle, pour en demander une reconstruction moins sévère à Pierre Chambiges, auquel succédèrent, dans la conduite des travaux, Guillaume Guillain, son gendre, et l'associé de celui-ci, Jean Langlois[1]. On rebâtit, toutefois, sur les anciennes fondations et sur l'ancien plan.

(1) Le marché de reconstruction fut signé le 22 septembre 1539, par Pierre Chambiges, « Maître des œuvres de maçonnerie de la Ville de Paris ». Comme il arrive souvent à cette époque, aucun nom d'architecte n'est, nulle part, mentionné ; ce qui laisse à penser que Chambiges dressa lui-même, ou fit dresser par un architecte anonyme, les plans qui furent présentés à François Ier et approuvés par lui. Il mourut en 1544. Guillaume Guillain et Jean Langlois signèrent, à cette date, le marché d'achèvement des travaux. La dépense s'était élevée, à la mort de François Ier, à 136.680 livres, 7 sols, 6 deniers ; soit, au taux d'un à quinze pour la valeur relative de l'argent alors et aujourd'hui, 2.050.200 francs, approximativement. Si l'on ajoute le surplus des sommes dépensées sous Henri II, on arrive au total de 172.963 livres, 4 sols, 2 deniers, soit 2.594.445 francs environ.

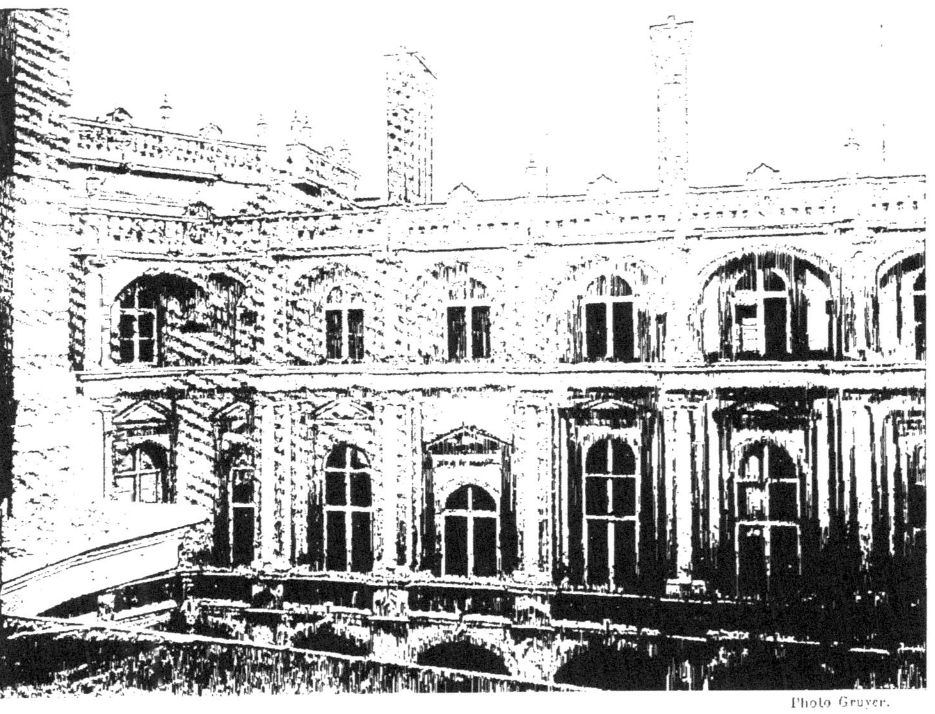

Photo Gruyer.

Premier, Second Étage, et Terrasses du Château.
(Cour Intérieure.)

Androuet du Cerceau, dans son précieux ouvrage : *Les plus excellents Bâtiments de France*, est formel sur ce point. « François Ier, écrit-il, fit abattre le vieil bâtiment, sans toucher néantmoins au fondement, sur lequel il fit redresser le tout comme on le voit aujourd'hui, ainsi qu'on le peut connaître par la cour, d'une assez sauvage quadrature. » Seules, quelques modifications de détail furent apportées à l'ancien plan.

Ce Château, œuvre charmante de la Renaissance, avec son mélange de pierre blonde et de cordons de briques rouges, ses fossés et son chemin de ronde, conservés de l'ancienne forteresse, ses loggia et ses toits en terrasses, est, ou à peu près, celui qui se présente à nous. Les travaux n'étaient pas complètement achevés lorsque François Ier mourut, en 1547. Henri II les fit poursuivre, sous la direction de Philibert de l'Orme, promu en 1548 « Ordonnateur des Bâtiments Royaux ». Une petite Ménagerie fut aussi établie et garnie de bêtes féroces.

En 1548, nous trouvons logée dans le nouveau Château la petite Marie Stuart, âgée de six ans. On sait que Jacques V, roi d'Écosse, qui avait épousé en premières noces Madeleine de France, fille de François Ier, morte six mois après, s'était remarié, l'année suivante, en 1538, avec Marie de Lorraine, une Guise, dont il avait eu deux fils, qui vécurent peu, et, le 8 décembre 1542, une fille, qui fut Marie Stuart. Mort lui-même, cinq jours plus tard, il laissait sa veuve et l'enfant aux prises avec de redoutables difficultés. Couronnée le 9 septembre 1543, la petite reine devait bientôt fuir devant ses ennemis. Le 13 août 1548, elle abordait à Brest, avec sa Maison Royale, et Henri II lui offrait un refuge à Saint-Germain, où sa mère, débarquée à Dieppe, venait la rejoindre. Dix ans après, elle épousait à Notre-Dame son cousin, le

Dauphin de France, François II, fils d'Henri II et de Catherine de Médicis, à qui elle apportait en dot la couronne d'Écosse à conquérir. Mais François II, devenu roi de France en 1559, par la mort de son père, le suivait dans la tombe, le 5 décembre 1560, et Marie s'en retournait dans son pays, vers une vie tumultueuse et tragique, qui devait se terminer sur l'échafaud, en 1587.

A Saint-Germain naquirent, le 3 février 1549, un second fils d'Henri II et de Catherine, mort au bout d'un an, puis le 27 juin 1550, un troisième, qui fut Charles IX. A Saint-Germain, Henri II, menacé dans sa capitale par les troubles religieux qui préludèrent à la Saint-Barthélemy, vint se réfugier avec la Cour et, en 1561, y rendit un Édit ordonnant que « tous imprimeurs, teneurs et vendeurs de placards et libelles diffamatoires seraient punis, pour la première fois du fouet, et pour la seconde de la vie ». On sait que la défense d'imprimer, sous peine de mort, n'avait été révoquée qu'en 1536, par François Ier. L'édit de 1561 constitue, en quelque sorte, la première loi sur la presse.

La mode continuait à être aux astrologues et à leurs prédictions. L'un d'eux, émule de son cher Ruggieri, avait, conte-t-on, dès 1564, prédit à Catherine de Médicis qu'un « Saint Germain » la verrait mourir. Il n'en avait pas fallu davantage pour alarmer cette superstitieuse personne qui, comme Œdipe, fuyant sa destinée, n'avait plus fait dès lors au Château de Saint-Germain que de rares séjours, se détournant également de tous autres lieux portant ce nom, évitant même de pénétrer dans les églises et chapelles placées sous le vocable du Saint fatidique. Elle en était venue à quitter jusqu'au Louvre, parce que ce palais dépendait de la paroisse de Saint-Germain-l'Auxerrois, et s'était fait bâtir une autre demeure, proche de Saint-Eustache, vers l'emplacement de la Halle au Blé actuelle. Elle non plus ne put pourtant échapper à son sort. Après s'être inutilement tourmentée, sa vie durant, de la fatale prédiction, elle vit à son heure dernière, en 1589, le vénérable Laurent de Saint-Germain, évêque de Nazareth, se pencher sur son chevet pour lui donner l'extrême-onction. Si l'histoire est vraie, ces astrologues sont, comme la Sybille antique, de terribles pince-sans-rire.

On ne trouve qu'assez rarement Charles IX et Henri III à Saint-Germain, le plus souvent lorsque Paris fermente et gronde. En octobre 1583, Henri III y convoqua une Assemblée des Notables, pour la réformation des abus, sans réussir par ce moyen à enrayer la guerre civile. Un curieux *Règlement* du Château, daté du 1er janvier 1585, nous renseigne sur les occupations et divertissements de la Cour : la chasse à courre ; le jeu du mail et de la paume ; le bal ; les violons au dîner (déjeuner) et au souper (dîner), et dans la Chapelle. On y lit : « *A huit heures, le Roi se retire pour se coucher. Pendant son déshabillé, collation. Puis il se retire dans son Cabinet, avant le coucher. Son lit est parfumé de poudre de violettes musquée et de roses.* » Ce qui, aujourd'hui, nous fait rire un peu.

Le Château, même renouvelé, œuvre de transition, demeurait en somme une demi-forteresse, fort capable de résister à un coup de main éventuel. Sa garnison se composait, en 1554, de plus de quinze cents hommes de pied, Français ou Suisses, bien armés ; des archers de la Garde du Roi et de celle de la Reine-Mère ; de la Garde Écossaise et de la Garde Suisse. Près de trois mille hommes au total, sans compter les gentilshommes.

Cependant le désir d'une habitation de plaisance propre-

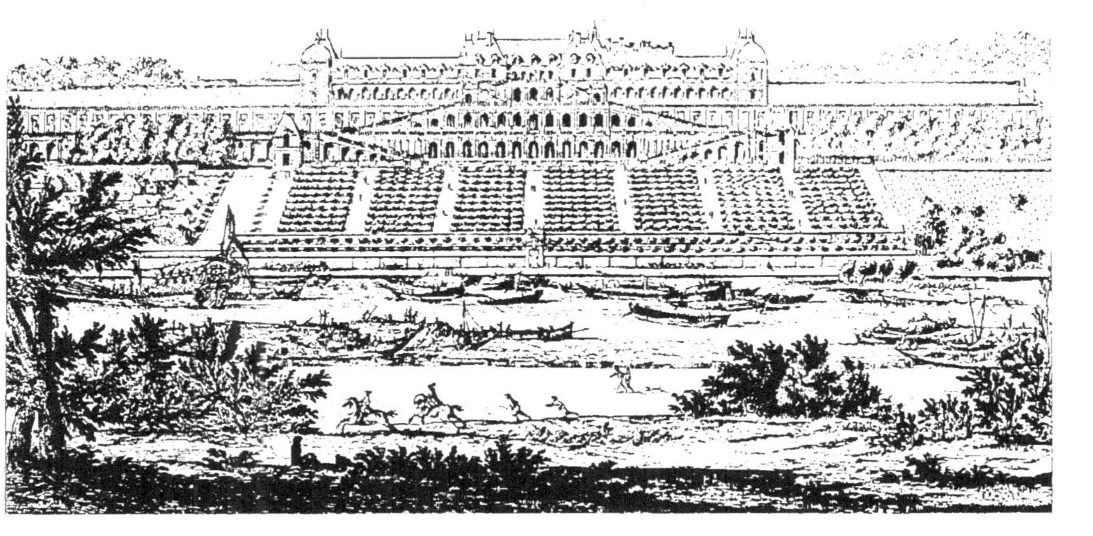

Le Château Neuf et ses Terrasses, en 1666, vus de la Seine.
En haut, à droite, le Pavillon Henri IV actuel ; en bas, à gauche, le Pavillon de Sully. (*Estampe d'Israel Sylvestre.*)

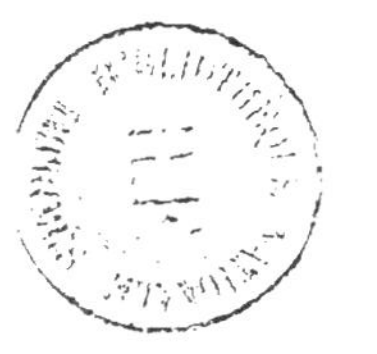

ment dite, que méritait la beauté du site, s'était bientôt fait sentir et il avait apparu, avec raison, que pour celle-ci l'emplacement réel qui s'imposait était, en avant des constructions existantes, au bord même du coteau qui descend vers la Seine et domine le fleuve. Henri II amorça, sur les plans de Philibert de l'Orme, en 1556, un second Château, sorte de Palais d'Été. Les travaux s'en continuèrent mollement sous François II et sous Charles IX, dirigés par Francesco di Primadicis, dit le Primatice, Philibert de l'Orme ayant été écarté de ses charges dès la mort d'Henri II, en 1559, par Catherine de Médicis et sous l'influence de ce qu'on appelait la « faction italienne ». Les bâtiments élevés étaient encore peu importants lorsqu'en 1594, Henri IV, qui avait abjuré l'année précédente et, cette année même, entrait dans Paris, devenant vraiment ainsi le roi de France, donna à la construction une impulsion nouvelle et définitive. Guillaume Marchant, « Maître de Maçonnerie » comme Pierre Chambiges, assuma la charge des travaux jusqu'en 1604, époque où il mourut. Son fils, Louis Marchant, termina son œuvre. Louis Métezeau avait été nommé, le 19 octobre 1594, « Ordonnateur des Bâtiments neufs de Saint-Germain », en remplacement de Jacques II Androuet du Cerceau, révoqué par Henri IV pour des motifs ignorés, et qui avait exercé cette charge de 1590 à 1594 [1].

(1) Là encore il est difficile d'établir exactement la part des deux Marchant, de Du Cerceau et de Louis Métezeau dans l'architecture des bâtiments. Peut-être Philibert de l'Orme avait-il laissé des plans qui furent, au début tout au moins, utilisés en partie. Lorsque Louis Métezeau mourut en 1615, cinq ans après, Henri IV et Louis XIII régnant, tout était complètement terminé, Château, Escaliers des Jardins et Terrasses.

Rappelons qu'il y eut quatre Du Cerceau : Jacques Ier Androuet du Cerceau, né entre 1510 et 1515, architecte, dessinateur et graveur, à qui l'on doit le précieux ouvrage : *Les plus excellents Bâtiments de*

Ce fut, tandis que le Château de François Ier était désigné désormais sous le nom de *Château Vieux*, ce qu'on appela le *Château Neuf*.

Ce Château, dont presque rien ne subsiste, construit en pierre et briques, avec des toits d'ardoise bleue, formait un long rectangle, encadrant une Cour intérieure, encadrée de portiques à l'italienne, et ne se composait que d'un seul rez-de-chaussée. La Façade principale, qui regardait vers la Seine, s'étendait en largeur, avec ses vingt-quatre fenêtres, encadrée de quatre Pavillons, un peu plus élevés, deux à ses extrémités et deux à son centre. Mais, grâce à une utilisation ingénieuse de la disposition naturelle du terrain, cet unique étage se trouvait magiquement exhaussé par un triple étage cyclopéen de murs de soutènement, de Terrasses et d'Arcades de pierre, qui se superposaient depuis la base du coteau et servaient au Château de piédestal formidable. Des Parterres, ornés d'ifs taillés, encadrés de rosaces de buis et égayés de fleurs, s'étendaient ensuite jusqu'à la Seine. La perspective se prolongeait, au delà du fleuve, jusqu'au bois du Vésinet, où rayonnaient de belles avenues. C'était un ensemble admirable, que nous ne connaissons plus que par les estampes anciennes, qui du moins nous le montrent nettement, et que les contemporains n'hésitèrent point à comparer, avec orgueil,

France, publié de 1571 à 1579; Jean-Baptiste Androuet Du Cerceau, son fils, né entre 1544 et 1547, et qui commença à Paris le Pont Neuf; Jacques II Androuet Du Cerceau, son second fils, mort en 1614, dont il est question ici ; un fils de Jean-Baptiste, nommé Jean, qui éleva, à Paris, l'Hôtel de Sully.

En ce qui concerne les Jardins du Château Neuf, nous trouvons le nom d'Étienne du Pérac, qui en était Dessinateur en 1595 et mourut en 1604. Sans doute ses plans furent-ils poursuivis après sa mort, avec divers remaniements. Le nom de Claude Mollet n'apparait à Saint-Germain qu'en 1618. Peut-être aussi Jacques Boyceau intervint-il par la suite. Thomas Francini donna les dessins des Fontaines et des Grottes, et exécuta les travaux hydrauliques.

aux Palais et aux Jardins suspendus de Babylone. Des Grottes Mythologiques, dont nous reparlerons tout à l'heure [1], en complétaient le renom

Château Neuf et Château Vieux furent, dès lors, alternativement habités par nos rois. Au Château Neuf se plaisait surtout Henri IV. Mais, si proche que soit Saint-Germain de Paris, la moindre course était alors sujette à d'invraisemblables accidents. « Le Roi et la Reine [2], lisons-nous dans *les Amours du Grand Alcandre,* attribués à Mlle de Guise, fille du Balafré et de Catherine de Clèves, étant allés à Saint-Germain, leur carrosse, en entrant dans le bac de Neuilly, versa dans la rivière. Ils n'avaient avec eux que le duc de Montpensier et la princesse de Conti. Le Roi ni le duc de Montpensier ne furent mouillés, ayant assez à temps sauté par-dessus la portière. Mais les dames burent un peu sans soif et coururent fortune. Quelques jours après, le Roi étant allé voir la marquise de Verneuil, elle lui dit combien elle avait été en peine pour lui, en cette chute, mais que, si elle y eût été, le voyant sauvé, elle n'eût pu s'empêcher de crier : *La Reine boit !* » Le chroniqueur Pierre de l'Estoile, relatant cet accident où la Reine avait bel et bien failli être noyée, ajoute : « L'aventure guérit le Roi d'un grand mal de dents qu'il avait, dont, le danger étant passé, il se gaussa, disant que jamais il n'avait trouvé meilleure recette. Au reste, qu'il avait mangé trop salé à dîner et qu'on avait voulu le faire boire après. » Ajoutons que c'est à cette occasion que fut construit sur la Seine, en 1609, le premier pont de Neuilly, en bois et de dix-huit arches, reconstruit sous le règne de Louis XIII et remplacé sous Louis XV, qui l'inaugura, par le pont de pierre qui existe encore aujourd'hui.

(1) Page 108.
(2) Henri IV et Marie de Médicis.

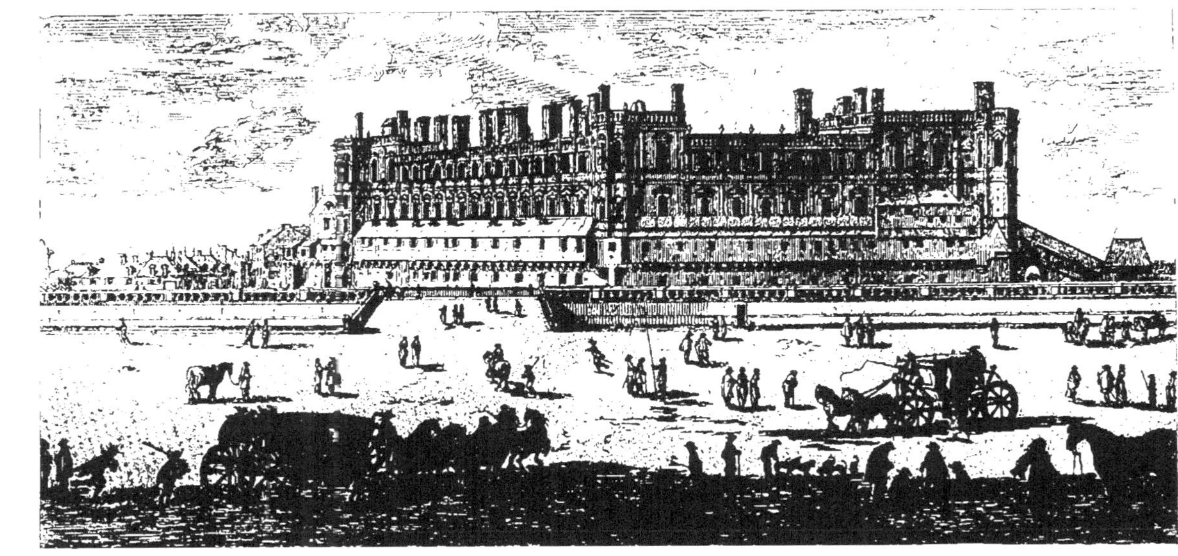

Le Château Vieux, en 1658, dans son état ancien.

Façades de l'Est (vers Paris) et du Sud (sur la Rue Thiers actuelle). A droite, le Pont du Roi ; à gauche, le Chemin de Ronde, avec sa toiture. (*Estampe d'Israël Silvestre.*)

C'est au Château Neuf que Louis XIII passa une partie de son enfance. Agé de six ans, le 24 août 1607, il s'en vint, en carrosse, faire sa première chasse dans les bois de Versailles, sur cette butte, dominant alors un paysage solitaire de taillis, d'étangs et de marécages, où, dix-sept ans plus tard, il élèvera un petit château de pierre et briques, qui sera l'embryon du Versailles futur. Le jeune Dauphin, ce soir-là, s'en retourna à Saint-Germain avec un levraut, six cailles et deux perdreaux. Devenu Roi, Louis XIII, continua à faire du Château Neuf, avec Fontainebleau et Chambord, sa résidence favorite, et y passa presque toute son existence. Il y ébaucha une timide idylle avec une fille d'honneur de la Reine, Mlle de La Fayette, qui se hâta de fuir dans un couvent.

Dans ce même Château Neuf, naît, le 5 septembre 1638, de Louis XIII et d'Anne d'Autriche, un héritier du trône, tant désiré, tant attendu. Le même jour, les troupes françaises subissaient un échec en Espagne, ce qui fit dire que la Fortune était alors trop occupée à Saint-Germain [1]. Le marmot royal fut ondoyé au Château Neuf par l'évêque de Meaux, puis baptisé, quatre ans après, dans la Chapelle du Château Vieux. On raconte qu'à l'issue de cette cérémonie, comme Louis XIII, dont la santé déclinait de plus en plus, demandait à l'enfant

(1) Dans les Registres de l'Église paroissiale de Saint-Germain est mentionné, en ces termes, cet important événement : « Le cinquième « jour de Septembre 1638, naquit, à onze heures et quart du matin, « Monseigneur le Dauphin, fils premier-né de très chrétien et très puis- « sant monarque Louis treizième de ce nom, Roi de France et de « Navarre, et de très religieuse et très illustre Princesse Anne d'Autriche, « sa très chaste et très fidèle épouse, et fut incontinent après, le même « jour, ondoyé par révérend père en Dieu, Monseigneur Dominique « Séguier, évêque de Meaux et Grand Aumônier de sa Majesté, avec « les eaux baptismales de la paroisse de Saint-Germain-en-Laye, « baillées et livrées par M. Cagny, prêtre curé de la dite paroisse.

« Signé : Bailly, *vicaire*. »

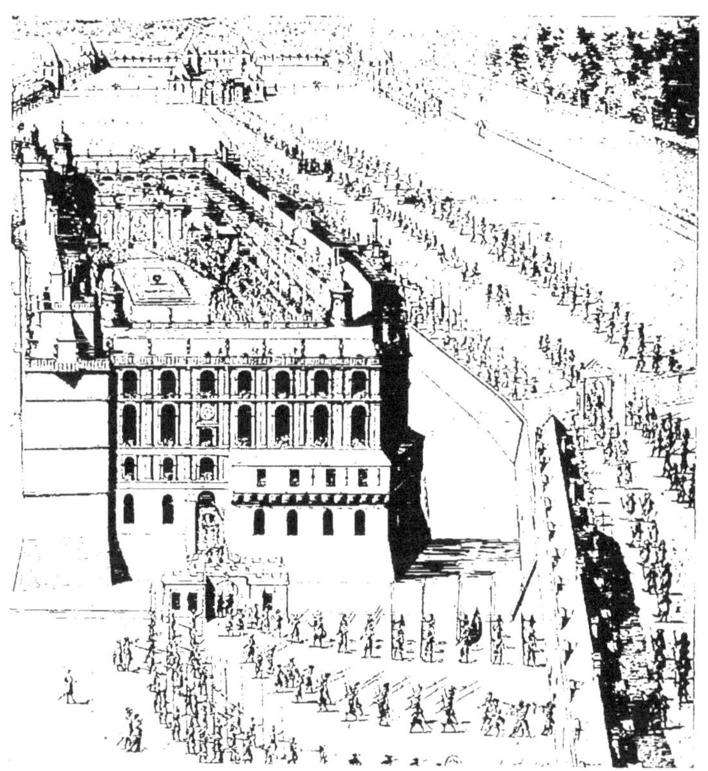

Baptême du Grand Dauphin, fils de Louis XIV, en 1668, dans la Cour du Château Vieux.

Le cortège arrive du Château Neuf, par la Rue Thiers actuelle, et entre par la Porte, alors fortifiée, de la Place du Château.

(*Estampe de Brissard.*)

quel nom lui avait été donné, celui-ci répondit sans sourciller : « Je m'appelle Louis XIV. » Le Roi moribond eut un sursaut : « Pas encore, mon fils ! » ne put-il s'empêcher de s'exclamer. Puis, laissant retomber sa voix : « Mais ce sera peut-être pour bientôt, si telle est la volonté de Dieu. » L'enfant ne devait pas tarder, en effet, à recueillir l'héritage paternel, le 14 mai 1643, à quatre ans et huit mois, et à être proclamé Roi de France, avec le cérémonial d'usage, dans le Château Vieux.

***

Comme son père, et tandis qu'Anne d'Autriche prend en main la Régence, avec Mazarin pour premier ministre, qui exerce la réalité du pouvoir, le jeune Louis XIV fait à Saint-Germain de fréquents séjours. En 1649, les troubles de la Fronde, émeutes populaires, révoltes du Parlement et de la Noblesse, forcent la Cour à plier bagages et à chercher sa sûreté plus loin de la capitale. En 1651, Mazarin s'étant exilé, une accalmie se produit et la Cour rentre à Saint-Germain. Le 18 avril, Louis XIV, âgé de treize ans, s'en va chasser à Versailles. Il y retourne les 15 et 18 juin, « pour courir, sauter, chasser » et faire partie de palet, ainsi que les gazettes rimées de l'époque ne manquent pas de le faire savoir au public.

Devenu roi, Louis XIV ne songe pas d'abord à abandonner Saint-Germain. S'il fait, à Versailles, dès 1661, remanier complètement, par Le Vau, le petit Château que lui a légué Louis XIII, si Le Nôtre est chargé déjà de tracer tout à l'entour un vaste Parc et d'y creuser des bassins, des travaux non moins importants sont exécutés à Saint-Germain. De 1663 à 1666, les Grands Escaliers et les Terrasses Hautes du Château Neuf qui, par suite des infiltrations d'eau et de la gelée, se sont effondrées en 1660, sont entièrement refaits. Les deux

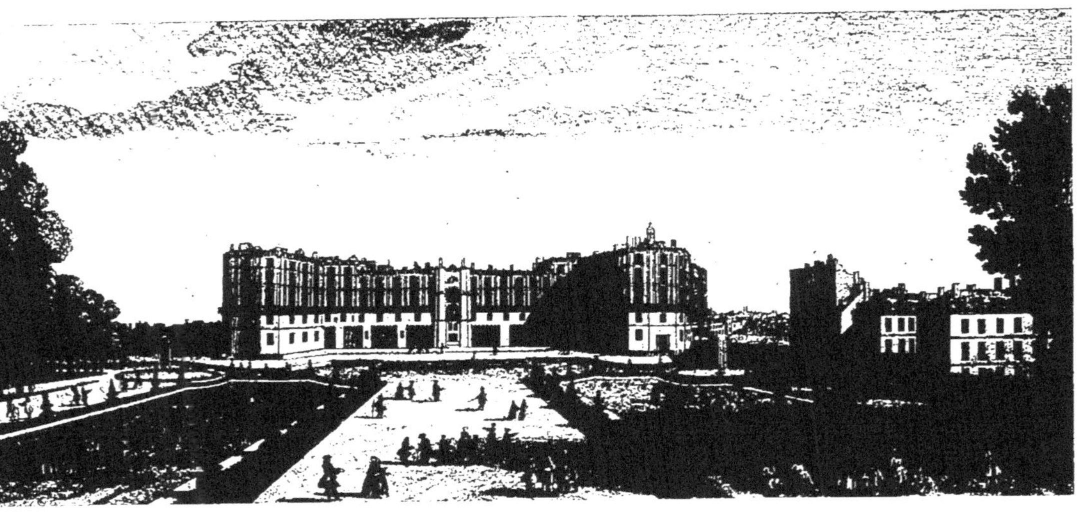

Le Château Vieux, vu du côté des Parterres, également remaniés, après les agrandissements de Mansart, en 1680,

tel qu'il demeura au cours du XVIIIe siècle. A droite, sur l'emplacement de la gare actuelle, l'ancienne Sous-Intendance. (*Estampe de J. Rigaud.*)

frères Guillaume et François Villedo, Entrepreneurs de Maçonnerie, assumèrent la charge matérielle du travail. Les Grottes sont réparées elles aussi, mais non leurs engins hydrauliques.

En 1669, J.-H. Mansart commence, au Château Vieux, une série de remaniements, d'abord heureux, qui débutent par la suppression des toitures disgracieuses du Chemin de Ronde et l'établissement, à leur place, au Premier Étage, tout autour du Château, d'un somptueux balcon, aux grilles de fer forgé et doré, qui était orné de lauriers-cerise, de jasmin, et de tubéreuses [1]. En même temps ont lieu des aménagements intérieurs nouveaux, notamment aux Appartements du Roi et de la Reine [2]. A ces travaux sont occupés les différents artistes dont nous retrouverons à Versailles les noms devenus célèbres. Pour les ciseleurs et sculpteurs, Philippe Caffiéri, Domenico Cucci, Michel Anguier, J.-B. Tubi, Magnier, Le Hongre, Buytser, Lespagnandel, Regnaudin, Mazeline, Buirette ; le « rocailleur » Berthier ; les peintres Ch. Errard, Monnoyer, Audran, Jouvenet, Houasse, Gilbert de Sève. Sur les murs extérieurs du Château, Ch. Le Brun exécute à la mode italienne, des Fresques représentant, entre autres sujets, l'*Histoire d'Apollon et de Daphné* et celle de *Pasiphaé* [3]. La Forêt est percée de routes et d'allées et, en 1669, Le Nôtre commence à tracer la Grande Terrasse qui est, aujourd'hui encore, l'orgueil de Saint-Germain.

A partir de 1680, sont entamés des travaux plus malencontreux. Le Château Vieux est jugé trop étroit et Mansart

(1) Voir page 27.

(2) Voir page 61.

(3) On ne connaît rien de ces fresques. Nous verrons (p. 188) que les divers Pavillons du Château de Marly, construit pour Louis XIV en 1680, étaient pareillement décorés de fresques extérieures, exécutées sur les dessins de Le Brun.

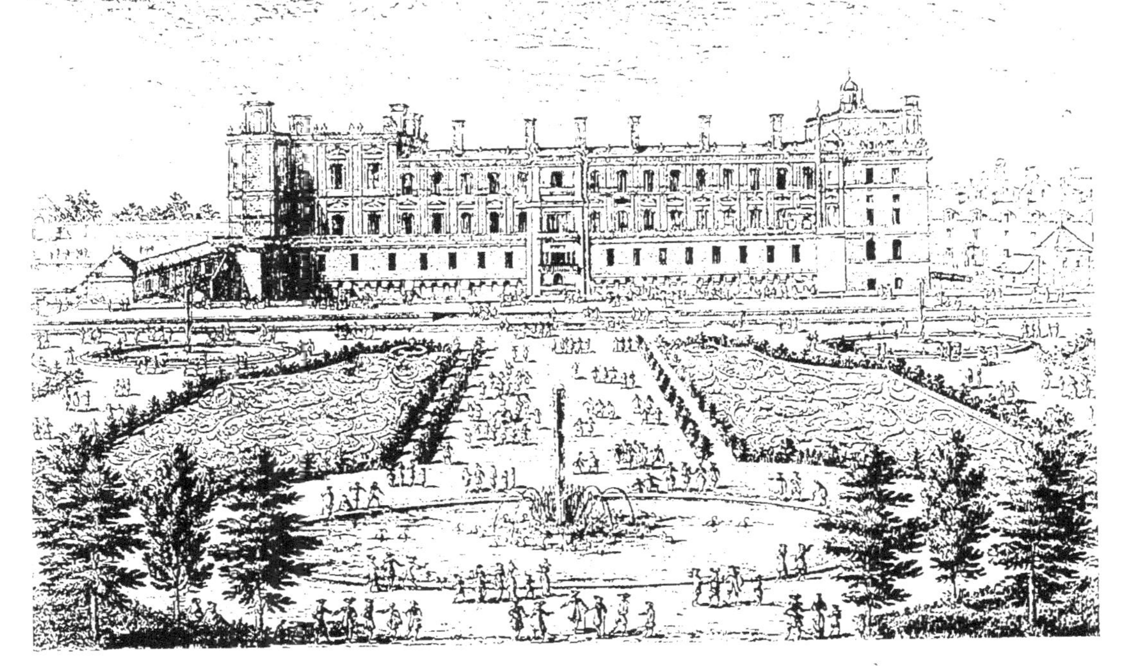

Le Château Vieux, vu du côté des Parterres, entre 1669 et 1680, après les premiers remaniements de Mansart.

C'est à peu près l'état où il a été reconstitué aujourd'hui. L'ancienne toiture du Chemin de Ronde a été remplacée par une Terrasse ; on voit à gauche le Pont du Roi : à droite, occupant la Place du Château actuelle, l'ancien Grand Commun.
(*Estampe de Pérelle.*)

est chargé de l'agrandir, de le « gonfler » de son mieux. Ne sachant trop comment se tirer de cette œuvre ingrate, il abat les cinq tourelles d'angle des façades et les remplace, dans un style approchant, par cinq gros Pavillons de pierre et de briques, plus logeables, mais d'une effroyable lourdeur, et qui défigurent complètement le legs de François Ier. Puis, tout autour d'eux, il prolongea le balcon doré du premier étage. On travailla jusqu'en 1690 à ce remaniement et le Château garda ce nouvel aspect jusqu'à sa restauration moderne, de 1862 [1].

Louis XIV et la Cour résidaient surtout au Château Vieux, mais parfois aussi au Château Neuf [2], où il y eut grand bal, le 30 janvier 1667.

Dans la cour intérieure du Château Vieux, transformée par les soins de Le Brun en Chapelle ardente, le Grand Dauphin, âgé de sept ans, fut baptisé le 24 mars 1668. Une belle gravure, par de Hooghe, nous a conservé la vision de cette fête fastueuse. Un grand voile, semé de fleurs de lys, sert de plafond, les murs de la Cour disparaissent entièrement derrière des estrades et des loges, tapissées de tentures de soie et de velours, et où se presse la foule des invités. Au fond de la cour (du côté opposé à l'entrée actuelle), un autel a été élevé, précédé des Fonts Baptismaux, en argent, drapés d'un brocart d'argent, et que surmonte un vaste dôme au-dessus duquel plane un Ange, tenant d'une main les Armes de France et

(1) Voir page 25. Nous trouvons, pour les dépenses faites à Saint-Germain, sous Louis XIV, de 1675 à 1682, 2.700.000 livres (soit, au rapport d'un à quatre pour la valeur relative de l'argent alors et aujourd'hui, 10.800.000 francs environ); puis, de 1682 à 1690, 6.455.561 livres (25.822.244 francs environ).

(2) Ces séjours alternaient avec ceux du Louvre, de Vincennes, de Compiègne, de Fontainebleau, de Chambord et autres Résidences Royales, et aux villes du front, lorsque le Roi faisait campagne. La Cour fut, sous Louis XIV, en mouvement perpétuel.

de Navarre, de l'autre une épée flamboyante. Au sommet du dôme, quatre Dauphins soutiennent de leurs têtes une couronne. Deux tribunes sont occupées par la Musique de la Chambre et par la Musique de la Chapelle. Les Clercs de la Chapelle chantent, accompagnés de violes, de basses et de flûtes. Des candélabres illuminent la scène. Les Enfants d'Honneur entourent les Fonts Baptismaux. La Princesse de Condé enlève son bonnet au Grand Dauphin, le Prince de Condé tient la serviette, le duc d'Enghien le bassin et l'aiguière. Le baptême fut conféré à l'enfant royal par le cardinal Antoine Barbarin, près duquel se tiennent la marraine, Princesse de Conti, et le parrain, cardinal et duc de Vendôme, légat du Pape, celui-ci étant parrain en titre. Une autre et non moins curieuse gravure de Brissard (p. 23), nous montre le Château à vol d'oiseau, le cortège nuptial arrivant du Château Neuf et la cour décorée pour la cérémonie.

Le 12 janvier 1674, Marie-Anne de Bourbon, dite Mlle de Blois, fille de Louis XIV et de Mlle de La Vallière, faisait à Saint-Germain son entrée à la Cour. Agée de sept ans et demi et portant encore la bavette, vive et précoce, élevée, comme son frère, par Mme Colbert, elle avait presque toujours été séparée de sa mère, qu'elle aimait peu, et à qui, par une cruelle inconscience, elle semblait préférer de beaucoup Mme de Montespan. Experte à danser, elle avait préparé longtemps à l'avance ses pas et ses effets, et vêtue de velours noir, escarboucIée de diamants, elle entra au bal en donnant la main au jeune prince de la Roche-Aymon, de la famille des Conti. Elle reparut, le 15 et le 24, dans deux fêtes de garçons et de fillettes, et fut proclamée « un chef-d'œuvre ». On se pâma sur son esprit et, quand elle parlait, Mme de Sévigné se demandait où cette enfant prenait toutes ces jolies « petites chosettes-là ». La Vallière fut émue et heureuse du succès de sa fille, mais sa pensée était ailleurs et déjà sa décision était prise de quitter le monde à tout jamais.

Le 16 janvier 1680, Mlle de Blois, âgée de quatorze ans, épousait dans la Chapelle du Château Louis-Armand de Bourbon-Conti, âgé de dix-neuf ans, de la maison de Condé, qui avait sollicité elle-même cette alliance. « Mademoiselle de Blois, écrit à sa fille Mme de Sévigné, le 17 janvier 1680, est donc madame la Princesse de Conti. Elle fut fiancée lundi en grande cérémonie, hier mariée à la face du soleil dans la Chapelle de Saint-Germain. Un grand festin comme la veille ; l'après-dîner [après-déjeuner], une comédie, et le soir couchés et leurs chemises données par le Roi et la Reine [1]... L'habit de M. le Prince de Conti était inestimable. C'était une broderie de diamants fort gros, qui suivait les compartiments d'un velouté noir, sur un fond couleur paille... M. le Duc, madame la Duchesse et Mademoiselle de Bourbon avaient trois habits garnis de pierreries différentes pour les trois jours... La doublure du manteau du Prince de Conti était de satin noir, piqué de diamants comme la moucheture. La Princesse était romanesquement belle, et parée, et contente.

> *« Qu'il est doux de trouver dans un amant qu'on aime*
> *Un époux que l'on doit aimer !* [2] »

Mon Dieu ! que de belles toilettes ! Mme de Grignan n'en dut point dormir, à la réception de cette lettre. Et que de diamants ! Comme s'il en pleuvait du ciel. Louis XIV avait constitué à sa fille une dot d'un million de livres (quatre millions de francs environ) et de cent mille livres de revenu, sans compter les pierreries et les bijoux. La Reine, le Grand

(1) La cérémonie de la chemise eut lieu au Château Neuf, où le jeune couple reçut un appartement.

(2) Vers de l'opéra de *Bellérophon* (acte I, scène II), représenté à Paris en 1679, musique de Lulli, poème de Thomas Corneille.

Dauphin, Monsieur et Madame, la Grande Mademoiselle signèrent au contrat. Mais, si Marie-Thérèse, refoulant ses rancœurs passées, donnait ainsi sa signature pour l'enfant de sa rivale, si, le soir, elle-même passait sa chemise à la mariée, si la jeune épousée était tant radieuse, la mère, cette fois, n'était plus là. « Très haute et puissante dame Louise-Françoise, duchesse de La Vallière, à présent religieuse professe au Couvent des Carmélites, au faubourg Saint-Jacques, à Paris » (ainsi s'exprimait le contrat), en expiation de ses péchés, flagellait durant ce temps son cœur et sa chair. Sous le voile blanc qui la couvrait, elle jeûnait au pain et à l'eau, lavait le linge, balayait les planchers, récurait la vaisselle. Elle écorchait sa peau délicate avec la haire et le cilice, et, pour la meurtrir, portait en guise de bijoux une ceinture de fer et des bracelets de fer. C'était sa souffrance à elle qui, devant Dieu, payait pour tous.

A côté de cette vie de parade, toute en façade, en regard de ces comédies et de ces drames passionnels, petits et grands, se déroulaient des événements de plus large envergure. C'est à Saint-Germain que fut ratifié, en 1679, le glorieux Traité de Nimègue, qui marqua l'apogée du règne du Grand Roi et qui, nous assurant définitivement l'Alsace, la Guyane et le Sénégal, nous donnait la Franche-Comté, reprise enfin sur l'Espagne, et, dans les Flandres, Gand, Courtrai, Charleroi, Valenciennes, Ypres et Saint-Omer. La langue française, qui avait servi à rédiger le traité, devenait désormais la seule langue diplomatique reconnue par les nations civilisées, privilège qu'en dépit de nos victoires nous venons de perdre à la suite de la dernière guerre.

Les allées et venues des gens de Cour étaient perpétuelles entre Paris et Saint-Germain. Sur la route pavée qui, de Neuilly, traversait Nanterre, Chatou et le Pecq, bondissaient, sur leurs grands ressorts souples, les lourds carrosses dorés, aux grosses roues ferrées et cloutées, tirés par six ou huit chevaux, ceux-ci accouplés deux par deux. Un postillon, sur l'un de ceux qui tenaient la tête, et le cocher sur son siège brandissaient et faisaient claquer les fouets. Tout autour, couraient à toutes jambes des valets, criant à pleins poumons et accompagnés de lévriers ; munis de bâtons, ils faisaient rentrer dans le rang les chevaux qui se cabraient et tenaient à distance les passants. Croiser une de ces trombes était, pour un simple mortel, une fâcheuse affaire. Passons encore la plume à Mme de Sévigné, toujours amusante et primesautière. « L'archevêque de Reims [frère de Louvois], écrit-elle, le 5 février 1674, revenait hier fort vite de Saint-Germain. C'était comme un tourbillon. Il croit bien être grand seigneur, mais ses gens le croient encore plus que lui. Ils passaient au travers de Nanterre, *tra, tra, tra*. Ils rencontrent un homme à cheval : *Gare ! Gare !* Ce pauvre homme veut se ranger, le cheval ne veut pas et enfin le carrosse et les six chevaux renversent cul par dessus tête le pauvre homme et le cheval, et passent par dessus, et si bien par dessus que le carrosse en fut versé et renversé. En même temps, l'homme et le cheval, au lieu de s'amuser à être roués et estropiés, se relèvent miraculeusement, remontent l'un sur l'autre, et s'enfuient, et courent encore, pendant que les laquais de l'archevêque et le cocher et l'archevêque même se mettent à crier : « *Arrête, arrête ce coquin ! Qu'on lui donne cent coups !* » L'archevêque, en racontant ceci, disait : « *Si j'avais tenu ce maraud-là, je lui aurais rompu les bras et coupé les oreilles.* »

Tandis, cependant, que Saint-Germain conservait en apparence tous les honneurs, tandis que s'y réglaient les destinées de l'Europe, qu'on y donnait la Comédie et qu'on y dansait bals, ballets et mascarades, sa déchéance était proche.

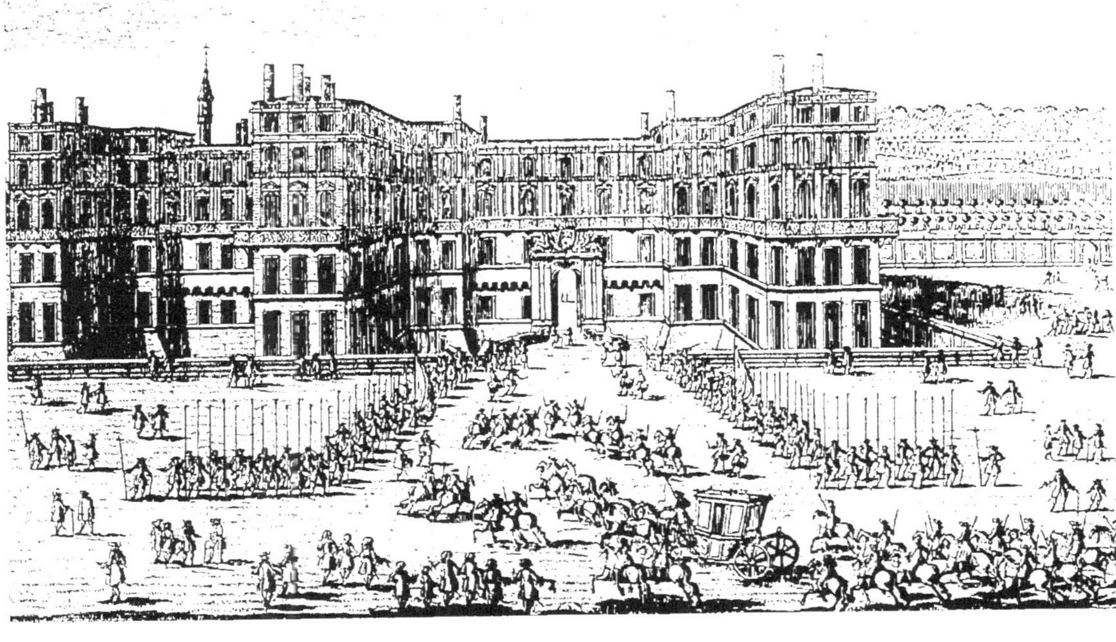

Le Chateau Vieux, Façade du Sud, sur la Rue Thiers actuelle, après les agrandissements de Mansart, en 1680.

Une porte, qui n'existe plus, a été ouverte sur cette Façade, pour livrer passage au carrosse du Roi, que l'on voit figuré au premier plan, et à ceux de la Cour. (*Estampe d'Aveline.*)

En face de ce Château démodé, où l'on tentait en vain des remaniements médiocres, et qui demeurait étriqué dans sa carcasse ancienne, grandissait chaque jour l'énorme fleur de pierre de Versailles. Et pour elle seule se passionnait Louis XIV, car elle était son œuvre unique et il en faisait son symbole même. Au petit Château de pierre et briques de Louis XIII, à la parure élégante que lui avait ensuite donnée Le Vau, avait succédé, de 1668 à 1672, un nouveau Château, d'une toute autre envergure, dont le même Le Vau avait été l'architecte, et qui ne se composait encore que du corps central du palais que nous voyons aujourd'hui. En 1678, Mansart avait repris en main cet ouvrage, le remaniant largement, dans un style plus harmonieux, et l'amplifiant des deux Ailes du Midi et du Nord, avec un développement total de cinq cent quatre-vingt mètres de façade. Simultanément, le Parc avait crû et s'était achevé, formant un décor d'une incomparable et sans rivale beauté qui, sans rien devoir au site, ou peu de chose, se devait tout à lui-même. Les Jardins du Château Neuf, à Saint-Germain, de plus en plus délaissés au contraire, ne pouvaient plus soutenir la comparaison. Personne ne croyait pourtant que Louis XIV abandonnerait un jour, pour ce Versailles qui continuait à soulever des dénigrements passionnés, l'antique demeure de tant de rois, ses ancêtres. Il fit plus, cependant. Le 7 mai 1682, par un coup d'État retentissant, il désertait non seulement Saint-Germain, mais reniant Paris, sa propre capitale, il allait s'installer à demeure à Versailles, vers un horizon différent, emmenant avec lui la Cour et tous les services du Gouvernement.

La stupéfaction de cet acte, qui troublait les idées reçues et les habitudes acquises, fut grande parmi les contemporains. Saint-Simon, toujours grincheux, n'a pas manqué de s'en faire l'écho. « Saint-Germain, lieu unique pour rassembler les merveilles de la vue, l'immense plain-pied d'une forêt toute joignante, unique encore par la beauté de ses arbres, de son terrain, de sa situation, l'avantage et la facilité des eaux de source sur cette élévation, les agréments admirables des jardins, les hauteurs des terrasses qui, les unes sur les autres, pouvaient aisément se conduire dans toute l'étendue qu'on aurait voulu, les charmes et les commodités de la Seine, enfin une ville toute faite et que la position entretenait par elle-même, le Roi l'abandonne pour Versailles, le plus triste et le plus ingrat des lieux. » Les raisons les plus diverses furent cherchées à cette décision. Plus d'un siècle après, l'historien et archéologue Dulaure écrira que si Louis XIV déserta Saint-Germain, ce fut pour le déplaisir que lui causait la vue des tours de la Basilique de Saint-Denis, dont la silhouette se profile sur l'horizon, à dix-huit kilomètres nord-est. « Cette résidence, affirme-t-il, en présentant sans cesse à sa vue le terme de sa gloire et le lieu de son tombeau, l'aurait maintenu dans des idées lugubres et affligeantes [1]. » Ce qui est plus certain, c'est que Saint-Germain ne pardonna pas à

(1) Cette explication semble un peu bizarre au premier abord. Il ne faut pas oublier cependant que la superstition de la mort et de ses présages était fort vive à cette époque. A Versailles et dans les diverses Résidences Royales, aucun mort étranger à la famille royale ne devait séjourner. Quiconque y mourait était aussitôt emporté. Nous verrons tout à l'heure (p. 160) le Roi et la Reine eux-mêmes abandonner le Château de Saint-Germain, où l'un de leurs enfants se mourait, pour venir, jusqu'au terme de son agonie, loger à Maisons. D'autre part, nous lisons dans Mlle de Montpensier, qui nous raconte les dernières heures de Louis XIII à Saint-Germain : « Il s'entretenait de la mort avec une résolution toute chrétienne. Il s'y était si bien préparé qu'à la vue de Saint-Denis, par les fenêtres de la chambre du Château Neuf, où il s'était mis pour être en plus bel air qu'au Vieux, il montrait le chemin de Saint-Denis par lequel on mènerait son corps. Il faisait remarquer un endroit où il y avait un mauvais pas, qu'il recommandait qu'on évitât, de peur que le chariot ne s'embourbât. » Enfin, presque tout le pays entre Saint-Germain et Saint-Denis étant alors boisé, avec

Versailles de lui avoir ravi le Grand Roi, et cette rancune contre la ville rivale, aujourd'hui encore, n'est pas complètement éteinte.

***

Au début de 1689, Jacques II Stuart, roi catholique d'Angleterre, qui venait de perdre sa couronne, fut hospitalisé, ainsi que sa femme, au Château Vieux. Quoiqu'il eût été pour nous un allié souvent douteux, Louis XIV ménagea aux exilés une magnifique réception. Le 6 janvier, il s'en fut au-devant de la Reine déchue, jusqu'à Chatou, avec Monsieur (son frère) et Monseigneur (le Grand Dauphin), toute sa maison et cent carrosses à six chevaux. Après l'avoir saluée et entretenue quelques moments, et avoir embrassé le Prince de Galles, il les ramena tous deux à Saint-Germain.

Jacques II arriva le lendemain et, lorsqu'il vit apparaître Louis XIV, « se baissa fort, comme s'il eût voulu embrasser ses genoux. Le Roi l'en empêcha et l'embrassa à trois ou quatre reprises, fort cordialement... Il le conduisit à l'Appartement de la Reine, qui eut peine à retenir ses larmes. Après une conversation de quelques instants, Sa Majesté les mena chez le Prince de Galles, où ils furent encore quelque temps à causer, et les y laissa, ne voulant point être reconduit, et disant au Roi : « Voici votre maison ; quand j'y viendrai, « vous m'en ferez les honneurs, et je vous les ferai quand « vous viendrez à Versailles... » Il envoya ensuite dix mille louis d'or [un million de francs environ] au Roi d'Angleterre. Ce

de rares maisons, il est certain que les hautes tours de la Basilique surgissaient à l'horizon encore plus nettement qu'aujourd'hui. Ce qui ne veut pas dire que, même si Saint-Denis n'eût pas été là, Louis XIV serait demeuré à Saint-Germain.

dernier paraît vieilli et fatigué, la Reine maigre, et des yeux qui ont pleuré, mais beaux et noirs ; un beau teint, un peu pâle ; la bouche grande, de belles dents, une belle taille, et bien de l'esprit : tout cela compose une personne qui plaît fort. » (*Madame de Sévigné à sa fille*, 10 *janvier* 1689.)

On sait que Jacques II devait tenter bientôt de reconquérir son trône. La catholique Irlande le rappelait surtout. Si souvent et si cruellement persécutée par les rois anglais, elle voyait à cette heure, en Jacques II, un roi national qu'elle était prête à soutenir de tous ses efforts. Il aborda sur la côte irlandaise, le 22 mars. Mais tandis que Tourville remportait, à Beachy-Head, le 10 juillet, sur la flotte anglo-hollandaise de Guillaume d'Orange, une glorieuse victoire navale, Jacques se faisait battre sur terre, le lendemain, près de Dublin. Il prit la fuite et, abandonnant les siens, repassa la mer, aborda à Brest et rentra vaincu à Saint-Germain.

Roi sans couronne, il y termina mélancoliquement ses jours, dans la dévotion et le deuil.

> « *C'est ici que Jacques second,*
> *Sans ministres et sans maîtresse,*
> *Le matin allait à la messe*
> *Et le soir allait au sermon* »,

dit un quatrain railleur. Louis XIV subvenait en partie à son entretien et, de sa fille révoltée, femme protestante de Guillaume d'Orange, devenue reine par la chute de son père, Jacques II recevait, pour faire figure tant bien que mal, une pension de soixante-dix mille livres (deux cent quatre-vingt mille francs environ). La plupart de ses gentilshommes, dénués de tout, et dont les bas étaient percés, prirent du service dans l'armée française.

Il mourut au Château le 10 septembre 1701. Un monument funéraire lui a été élevé dans l'Église de Saint-Germain [1]. Une de ses filles, demeurée avec lui, décéda en 1712, sa femme le 2 mai 1718.

***

Le Château de Saint-Germain continua, au cours du XVIIIe siècle, à faire partie des Résidences Royales et la Cour à y séjourner de temps à autre. Le Château Vieux fut entretenu en bon état, tel que l'avait laissé Mansart ; mais le Château Neuf continua à se délabrer, la pierre des terrasses et le marbre des bassins à se disjoindre. En 1776, il fut cédé au Comte d'Artois, frère de Louis XVI et futur Charles X, qui projeta de le relever sur de nouveaux plans. On était alors en pleine fureur néo-grecque. Un intéressant lavis, conservé à la Bibliothèque de Saint-Germain, nous montre quels étaient ces plans. Une colonnade en hémicycle, semblable à celle que l'on méditait d'installer à Versailles, à la place de la Cour de Marbre, s'arrondissait à la place du Château d'Henri IV, en un décor fait à souhait pour un paysage de l'Attique. Quant aux Pavillons des Terrasses, ils prenaient un aspect tout à fait galant de chapelles funéraires à fronton triangulaire. On commença donc par abattre tout ce qui restait debout. Puis on en resta là, le Comte d'Artois ayant été finalement occuper le Château de Maisons [2]. Ce fut un bel ouvrage.

La Révolution démeubla le Château Vieux, de ses meubles, de ses tapisseries et de ses tableaux, et, dans son zèle humanitaire, pensa qu'elle ne pouvait pas faire moins que de le convertir en prison, à l'usage des libres citoyens soupçonnés

(1) Pages 115 et 123.
(2) Page 167.

de ne pas partager intégralement les idées nouvelles. Mais, comme il était nécessaire de transférer à Paris les condamnés à la guillotine, ce qui occasionnait des frais et des retards, le Comité de Salut public proposa, « dans l'intérêt de la Nation », d'installer un couperet dans la cour même du Château. Le Neuf Thermidor, en fracassant à point la mâchoire de Robespierre, fit avorter ce projet patriotique. L'année suivante, les Parterres furent mis en adjudication et, comme ceux de Versailles, livrés à la culture, plus démocratique, des légumes. C'était du moins inoffensif. Le patronage d'un Saint étant devenu, d'autre part, une recommandation suspecte, la ville avait pris le nom de *Montagne-du-Bon-Air*. Cela non plus ne faisait de mal à personne. Quant à ses différents quartiers, ils s'appelèrent : « Section Unité » ; « Section Liberté » (c'était trouvé) ; « Section Égalité ».

En 1798, Saint-Germain était encore classé comme place de guerre et le Château reçut une garnison de vétérans. En 1809, un décret impérial y organisa une École de Cavalerie.

Napoléon y appela, pour le service de la patrie commune, les enfants des familles nobles, leur demandant d'oublier leurs rancunes passées. L'uniforme fut de drap vert pour l'habit, avec revers rouges, gilet blanc, culotte de peau blanche, manteau blanc et casque des dragons.

Plus d'un million fut dépensé pour des réparations générales au Château, où les anciens Appartements Royaux, notamment, tombaient en ruine. On tailla et trancha dans le reste. Après les désastres de l'Empire et le départ de Napoléon pour l'île d'Elbe, une Ordonnance royale du 1er août 1814, signée de Louis XVIII, supprimait l'École de Saint-Germain qui, au cours de ses cinq années d'existence, avait compté un total de cinq cent quarante-huit élèves. Le 1er mars suivant, s'ouvrait à Saumur une nouvelle École de Cavalerie, qui a subsisté jusqu'à nous.

Le 1er juillet 1815, au terme des Cent-Jours et durant la seconde invasion étrangère, une colonne prussienne de l'armée de Blücher, forte de quinze cents hommes, déboucha du bois du Vésinet et se présenta pour passer le pont du Pecq, afin de venir prendre possession de Saint-Germain. Au lieu d'installer sur la Terrasse quelques pièces de canon qui eussent facilement foudroyé l'adversaire, c'est un officier, dont le nom n'a pas été conservé, qui fut chargé de défendre le pont, avec une escouade de vingt-cinq hommes. « Des vieillards se souviennent de l'avoir vu, à la tête de cette poignée de gens, grave et silencieux, et de l'avoir entretenu peu de temps avant l'arrivée de l'ennemi. Il se sentait sacrifié, car l'illusion n'était pas permise. Aussi répondait-il, aux objections qu'on lui adressait sur le petit nombre de ses compagnons, par quelques mots empreints d'une froide résignation. Il barricada le pont le mieux qu'il put, reçut les Prussiens à coups de fusil, tint ferme tant qu'il eut un souffle de vie, donnant l'exemple du calme au milieu de la mort qui fauchait autour de lui, puis tomba pour ne plus se relever [1]. » Ceux de ses vingt-cinq compagnons qui survivaient se retirèrent en bon ordre, sans laisser un prisonnier et faisant toujours feu. Ils rejoignirent ainsi le corps d'armée du général Vandamme, qui opérait dans les environs de la Celle-Saint-Cloud. Le 7, les Alliés rentraient à Paris. On aimerait qu'une stèle, ou une plaque de marbre, rappelât, au pont du Pecq, le dévouement de ce héros inconnu et de ceux qui tombèrent à ses côtés.

Peu après, le Château de Saint-Germain, qui avait servi d'ambulance au cours des combats livrés autour de Paris,

(1) Ferdinand de Lacombe, *Le Château de Saint-Germain-en-Laye*, p. 127.

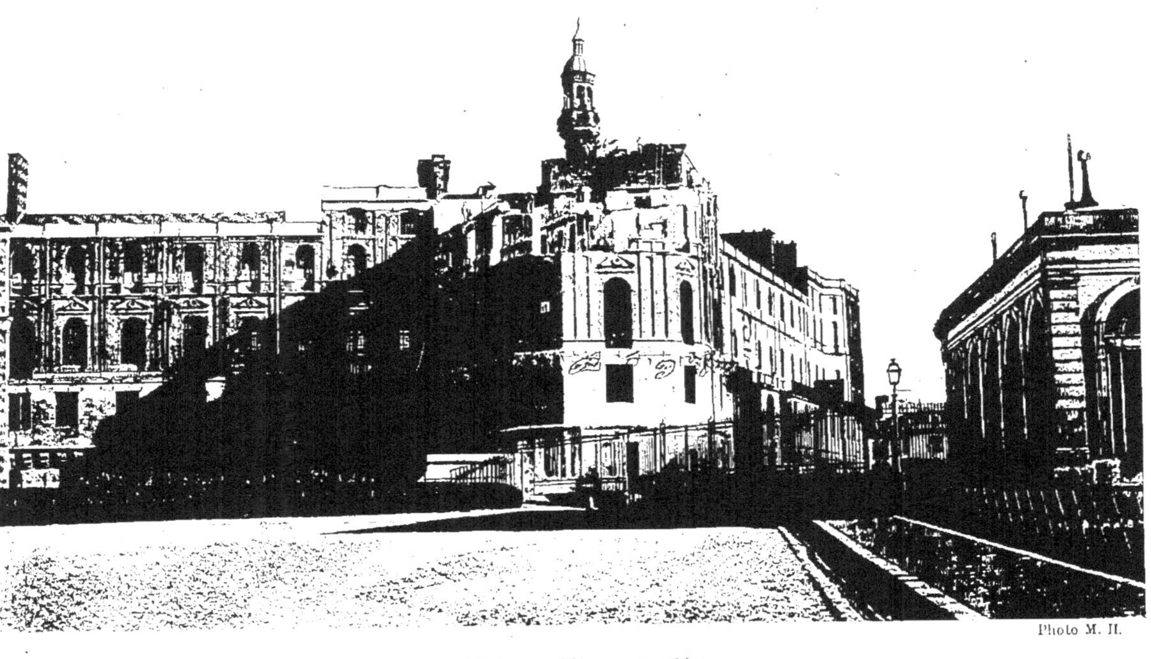

Photo M. H.

Le Château Vieux en 1862,
avant sa restauration et après l'évacuation du Pénitencier.

fut occupé par un corps de troupes de dix mille Anglais, qui trouvèrent moyen de s'y loger. Il servit ensuite de caserne à une compagnie de Gardes du Corps de Louis XVIII, la compagnie de Gramont. En 1832, deux des fils de Louis-Philippe, le duc d'Orléans, colonel de hussards, et le duc de Nemours, colonel d'un régiment de lanciers en garnison à Saint-Germain, donnèrent un bal dans l'ancienne Salle des Fêtes du Château, qui reprit, durant ces quelques heures, quelque chose de l'éclat de sa vie passée. Mais, en 1836, une Ordonnance royale de Louis-Philippe affectait l'édifice, catastrophe dernière, à un Pénitencier militaire.

L'idée, fort humaine en soi, des nouveaux établissements de ce genre, dont le maréchal Soult avait été le promoteur, était de tirer, de la compagnie des scélérats plus endurcis, les criminels dont la peine d'incarcération ne dépassait pas six mois et « d'améliorer le moral et le sort à venir des détenus par l'obligation du recueillement et du travail ». Plus d'un demi-million fut dépensé pour adapter à cette destination le malheureux Château. Sauf aux anciens Appartements Royaux, les étages, afin d'augmenter la place disponible, furent doublés par des planchers intermédiaires. Cinq cent deux cellules ordinaires, de $2^{m},30$ sur $1^{m},80$, y furent aménagées, ainsi que cinq « cellules de correction » et trente-cinq « cellules ténébreuses », pourvues seulement de paille. Les fossés servirent de promenoir aux détenus. Au rez-de-chaussée étaient installés des ateliers de chaussonnerie, de brosserie, de serrurerie, de cordonnerie, de boutonnerie et de confection de vêtements, où le silence complet était imposé, afin que les coupables pussent être tout entiers à leur examen de conscience. Le produit du travail des détenus servait à pourvoir, d'une part, aux dépenses de leur hospitalisation ; le reliquat formait une épargne individuelle, qui leur était remise à leur départ. Ils recevaient, en outre, instruction primaire et instruction religieuse. Enfin, pour leur mieux inculquer de bons sentiments, tous les murs du Château et de sa cour, ceux des préaux, réfectoires, ateliers, corridors et salles d'enseignement, furent couverts, en gros caractères, de sentences morales et de maximes bien senties : *Quiconque enfreint la loi n'est pas digne de vivre. — L'homme le plus coupable est celui qui justifie son crime en accusant la société qui le condamne. — Le travail du corps délivre des peines de l'esprit. — Renoncer à l'estime des hommes, c'est se couvrir d'infamie*, etc. — Hélas ! au lieu d'être touchées de tant de sollicitude, il se trouva de mauvaises têtes pour s'en gausser, des mains irrévérencieuses qui charbonnèrent sur ces maximes moralisatrices des tas d'inscriptions séditieuses, de crapuleux *graffiti* et maint propos malséant envers la société. Les détenus se montrèrent, par contre, beaucoup plus sensibles au coup de force de 1848, au cours duquel une bande d'émeutiers vint leur donner la clef des champs, en forçant les portes de leur prison. Puis les évadés, dont beaucoup, ne sachant bientôt que faire de leur peau, avaient été d'eux-mêmes se reconstituer ailleurs prisonniers, furent bouclés à nouveau en « cellules ténébreuses », en compagnie d'un lot d'insurgés, et le pénitencier recommença à fonctionner.

Les gens de Saint-Germain pétitionnaient cependant, afin qu'on les délivrât de ces hôtes fâcheux. En 1855, la Reine d'Angleterre Victoria, qui devait venir en France, avait manifesté le désir de visiter, au cours de son voyage, ce Château illustré par la présence de Jacques II. Napoléon profita de l'occasion pour ordonner l'évacuation immédiate et le transfert à Alger du pénitencier. Le 10 juillet, la population vint assister au départ des détenus, en menottes, vêtus de leur uniforme gris, emportant chacun avec eux leur petit bagage et les outils de leur profession. « L'un d'eux, lit-on dans un journal local, avait fixé derrière son dos un charmant rosier en fleurs, cultivé par lui pendant sa captivité. » Ce rosier symbolique, c'était la petite fleur capable d'éclore, un instant au moins, et parmi les pires orties, en toute âme.

***

Après tant d'avatars successifs, subis au cours des siècles, on se doute de l'état dans lequel pouvait être le Château de Pierre Chambiges et de Guillaume Guillain, de ce qui pouvait subsister encore de l'aspect de l'édifice qu'avait connu François Ier. Ce n'était plus qu'une masse informe et repoussante, aux murs léprosés, et où grouillaient intérieurement des légions de rats.

Une restauration générale ayant été décrétée par l'Empereur, le 13 juin 1862, la question se posa, assez embarrassante, de savoir ce qu'il serait loisible de tirer de ce monument hétéroclite et dévasté. Se contenterait-on de rétablir le Château tel qu'il avait été remanié par Mansart ? Ou bien, le dégageant au contraire de cette gangue étrangère, en elle-même sans intérêt architectural, tenterait-on de faire resurgir l'œuvre, plus ancienne, de la Renaissance ? Ce dernier parti fut adopté par la commission des Monuments Historiques, sur la proposition de l'architecte Eugène Millet, qui fut chargé du travail.

Un point encore, cependant, demeurait en discussion. Si la Cour intérieure du Château de François Ier avait été conçue d'un style homogène, telle que nous la montraient, avec netteté et précision, les belles gravures de Du Cerceau, il n'en avait pas été de même des façades extérieures. Toute leur base, et les mêmes relevés architecturaux en faisaient foi, était demeurée nettement féodale. Au Rez-de-Chaussée

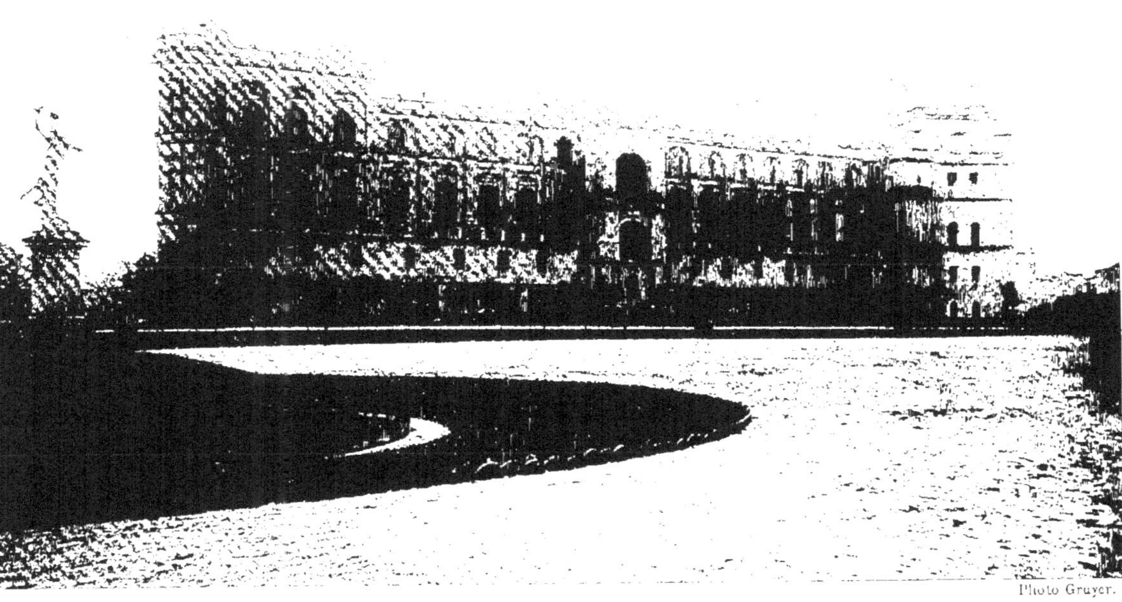

Photo Gruyer.

Le Château, vu des Parterres, dans son état actuel.

et à l'Entresol courait un Chemin de Ronde, avec des mâchicoulis à sa base et des toitures en appentis, défense réelle et robuste qui, comme nous l'avons dit, pouvait résister, au besoin, à un sérieux assaut. Ce n'est qu'à partir du Premier Étage que se superposait, en quelque sorte, sur cette base barbare, l'art gracieux de la Renaissance, comme une fleur qui crève son bouton et en saillit. On se rend facilement compte, sur les estampes et gravures que nous reproduisons, de cet aspect ancien du Château. C'est Mansart qui, lors de ses premiers remaniements, humanisa ces défenses périmées et, supprimant la toiture en appentis du Chemin de Ronde, l'avait remplacée par une terrasse, qui s'étendait en bordure des grandes fenêtres du Premier Étage. *Une estampe de Pérelle, exécutée entre* 1675 et 1680, *avant les remaniements ultérieurs de Mansart, et capitale pour l'histoire architecturale du monument, nous montre le Château tel exactement que nous le voyons aujourd'hui et que Millet l'a rétabli.* L'architecte moderne a remplacé seulement, par une balustrade de pierre, semblable à celle que l'on voit dans la cour intérieure, l'ancien balcon de fer forgé et doré, posé jadis par Mansart [1].

Du point de vue pratique, l'ensemble de la restauration ne laissa pas souvent d'être difficultueuse. Il fallut, en beaucoup d'endroits, non seulement restaurer, mais reconstruire. Une partie de l'ossature primitive avait été, à partir de 1680, complètement détruite par Mansart. Ailleurs, des amorces architecturales de la Renaissance, qui avaient subsisté, purent être reprises. Les plans de Du Cerceau permirent d'exécuter le reste. Les ornements sculpturaux de la Renaissance avaient surtout beaucoup souffert, lorsqu'ils n'avaient pas entièrement disparu. Ils furent rétablis d'après des modèles

(1) Voir l'Estampe de la page 27.

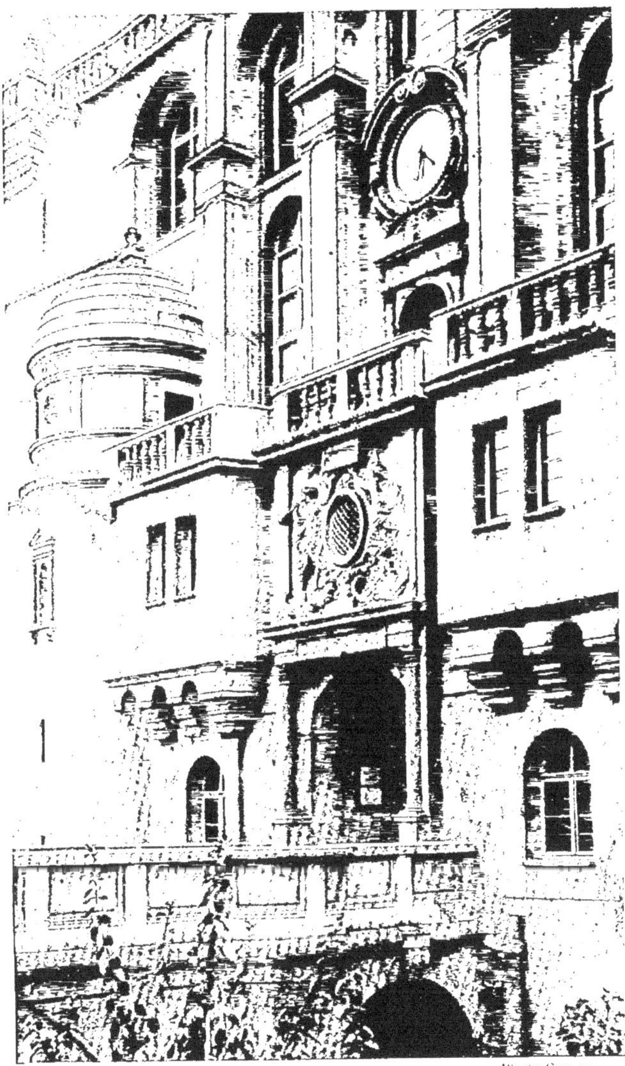

Photo Gruyer.

Entrée actuelle du Château.

Le groupe des Victoires a été exécuté d'après celui que représente la gravure suivante.

empruntés aux édifices similaires de la Touraine. Les travaux, commencés en 1862, interrompus pendant la guerre de 1870, furent repris dès l'été de 1871. De 1862 à 1874, il fut dépensé 1.939.952 fr. 36 centimes. Un peu plus d'un million fut encore nécessaire. L'architecte Daumet acheva, en 1902, l'ouvrage de Millet.

Au cours de ces travaux eurent lieu diverses trouvailles, précieuses ou curieuses, dont deux gargouilles intactes, datant de l'époque de Saint Louis et figurant des Chimères vigoureusement modelées, aux larges griffes ; des jambages de croisées, remontant à Charles V ; des morceaux de corniches ou de gargouilles, des chapiteaux et autres ornements de la même époque, qui avaient été utilisés, en guise de moellons, par les ouvriers de François Ier ; une Cheminée tout entière, en marbre, contemporaine de François Ier et richement décorée, avec des têtes et des rosaces, et dont les morceaux servaient de dallage. En creusant une citerne, en 1865, dans la cour du Château, on mit au jour une série de carreaux émaillés, du XIVe siècle et en bon état, ornés les uns de fleurs de lys, les autres des Signes du Zodiaque. A côté d'eux gisaient une collection de petites tenailles et des dentiers artificiels, de même date, provenant sans doute de l'atelier d'un dentiste qui opérait dans le Château, sur les lointaines mâchoires de ses occupants d'alors. Ces objets ont été malheureusement dispersés, on ne sait où.

Le CHATEAU DE SAINT-GERMAIN, tel qu'il se présente à nous, nous offre la forme irrégulière et pentagonale de l'ancien donjon féodal sur les fondations duquel François Ier le fit réédifier. Il est construit en pierre blonde, entremêlée de cordons de briques rouges. Il est entouré de larges Fossés

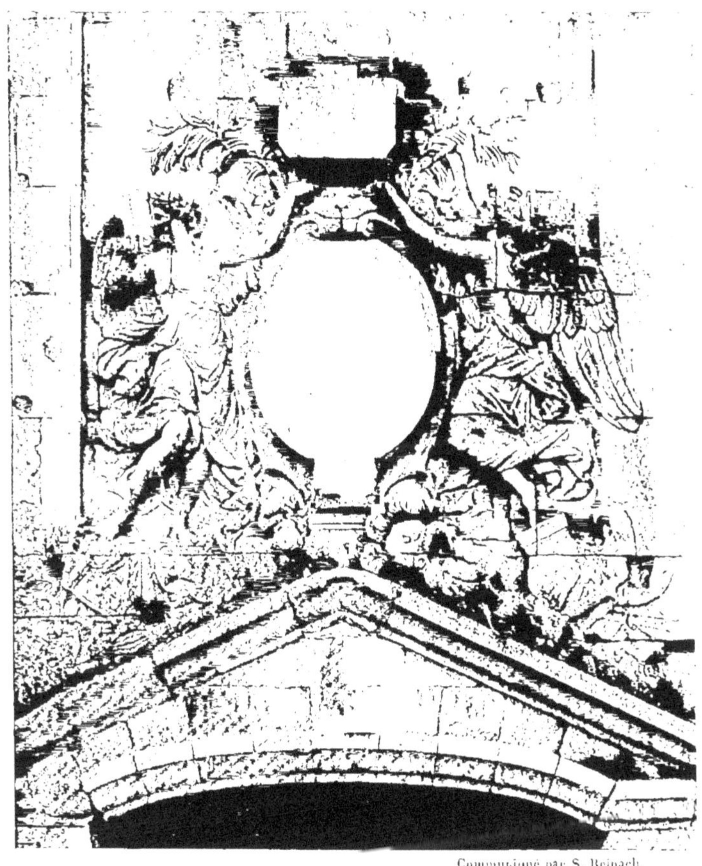

Communiqué par S. Reinach.

Ancien Groupe des Victoires,
de 1680 environ, encadrant les Armes de France (grattées à la Révolution),
et qui se trouvait au-dessus de la porte
ouverte sous Louis XIV, sur la Face Sud du Château (Planche de la page 33).

dont la profondeur, lorsque jadis ils étaient pleins d'eau, était double. Des murs droits s'en élèvent, supportant le Rez-de-Chaussée, qui se développe, sans ornements, au-dessus d'une ligne de mâchicoulis et d'un Entresol, percé comme lui de petites fenêtres, rectangulaires ou au cintre arrondi. Cet entresol est l'ancien Chemin de Ronde, dont Mansart abattit les toitures, remplacées grâce à lui par la terrasse qui s'étend devant les fenêtres du Premier Étage. Cette terrasse était, sous Louis XIV, garnie de lauriers, d'orangers taillés en boule et de cache-pots avec des fleurs. Le Premier Étage, qui forme l'étage principal, est surmonté d'un Second, moins élevé (sauf aux Pavillons d'angle), et dont les fenêtres s'encadrent d'un arc plein, légèrement écrasé. De vastes Terrasses plates, à l'italienne, terminent le tout, bordées de balustres et de vases de pierre effilés. De place en place, s'en élèvent de grands corps de cheminées en briques, qui sont une nécessité de nos climats. Nécessité trop souvent méconnue aux siècles suivants, mais qu'avaient bien comprise les architectes de la Renaissance qui, loin d'y voir une entrave à leur œuvre, y avaient trouvé l'occasion de nouveaux motifs décoratifs.

La Façade Principale, en bordure de la Place du Château, est orientée vers l'Ouest. La *Porte* qui s'y ouvre, seule entrée au Château, avec une autre petite porte, sur la face Sud, était, jusqu'à Louis XIV, précédée d'un pont-levis fortifié, qui avait été mis en place en 1548, sous la direction de Philibert de l'Orme (p. 23). On y accède aujourd'hui par un Pont de pierre jeté sur le fossé. La porte, encadrée de colonnettes, est surmontée d'un haut-relief figurant des Victoires laurées, dont l'une souffle de la trompette. Le groupe a été refait, par Puech, d'après un groupe ancien, du XVIIe siècle, autrefois placé sur la Face Sud du Château et qui a été transporté dans les réserves (autant dire dans les oubliettes) du Louvre.

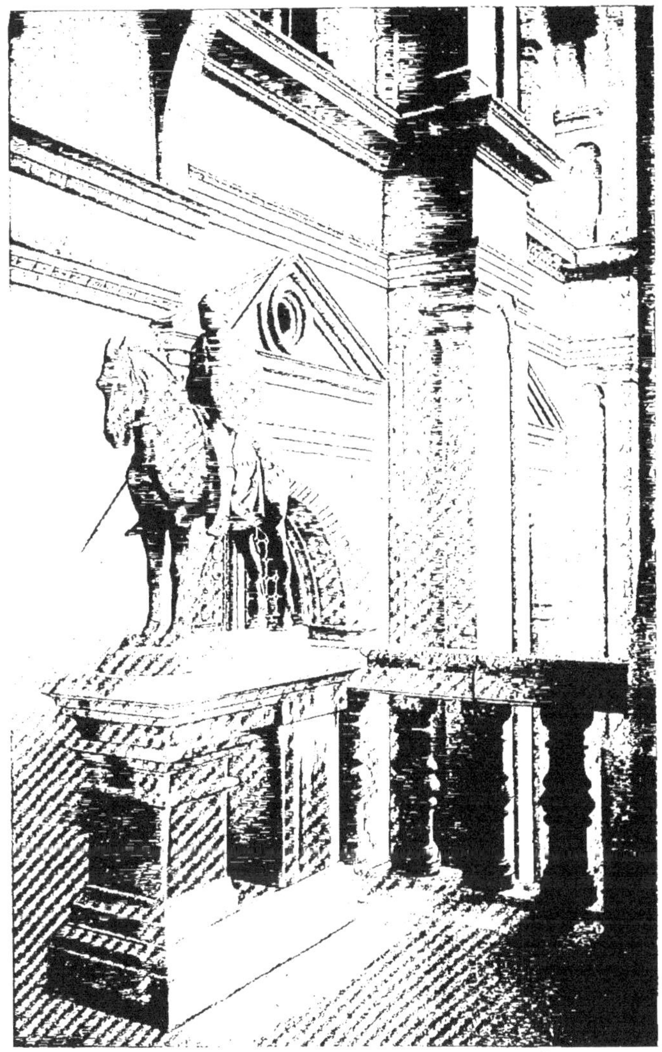

Photo Gruyer.

La Loggia du Château, sur les Parterres, et *Cavalier Romain*, bronze moderne, par Frémiet.

Il eût été préférable, semble-t-il, d'utiliser ce groupe même, en le réparant, s'il en était besoin. Il y a tant de pierre neuve à Saint-Germain, qu'un peu de vieille pierre n'eût pas fait mal dans le décor. Une œuvre originale est toujours plus intéressante, au surplus, que toute espèce de copie. Au-dessus est placé le cadran doré de l'Horloge. — Vers la gauche et faisant angle avec la Face Nord, se dresse une grosse masse rectangulaire, qui tranche sur l'ensemble, plus souple, des autres lignes de l'édifice. C'est l'ancien *Donjon* de Charles V, conservé par François Ier. Il fut surmonté, à cette époque, d'un joli petit Beffroi, où fut installée une horloge. Renversé par la foudre, sous Louis XIV, en 1683, ce campanile fut rétabli et recouvert de plomb, tel que nous le retrouvons aujourd'hui. Il servit alors d'observatoire à l'astronome Cassini, qui découvrit plusieurs des satellites de Jupiter et de Saturne, et détermina la rotation de Jupiter, de Saturne et de Vénus. — Au delà du Donjon de Charles V, vers les Parterres, la Forêt et l'Avenue des Loges, se développe la Face Nord du Château, coupée en son milieu par une *Loggia*, qui correspond intérieurement à l'Escalier d'Honneur. A la Tourelle circulaire qui, du côté opposé au donjon, termine cette façade, aboutissait le « Pont du Roi », qui subsista jusqu'aux derniers remaniements de Mansart et que l'architecte moderne a eu le grand tort de ne pas rétablir. C'était un pont couvert, incliné, en pierre, que l'on voit nettement représenté sur les anciennes estampes (aujourd'hui encore sa restauration serait facile), et qui montait vers l'entresol du Château. Il était affecté à l'usage personnel du Roi, et Louis XIV, après ses prédécesseurs, s'en servit jusqu'en 1680, époque à laquelle il a été détruit. Ce pont datait de François Ier[1]. Un second pont, en charpente

(1) Voir l'Estampe des pages 21 et 27.

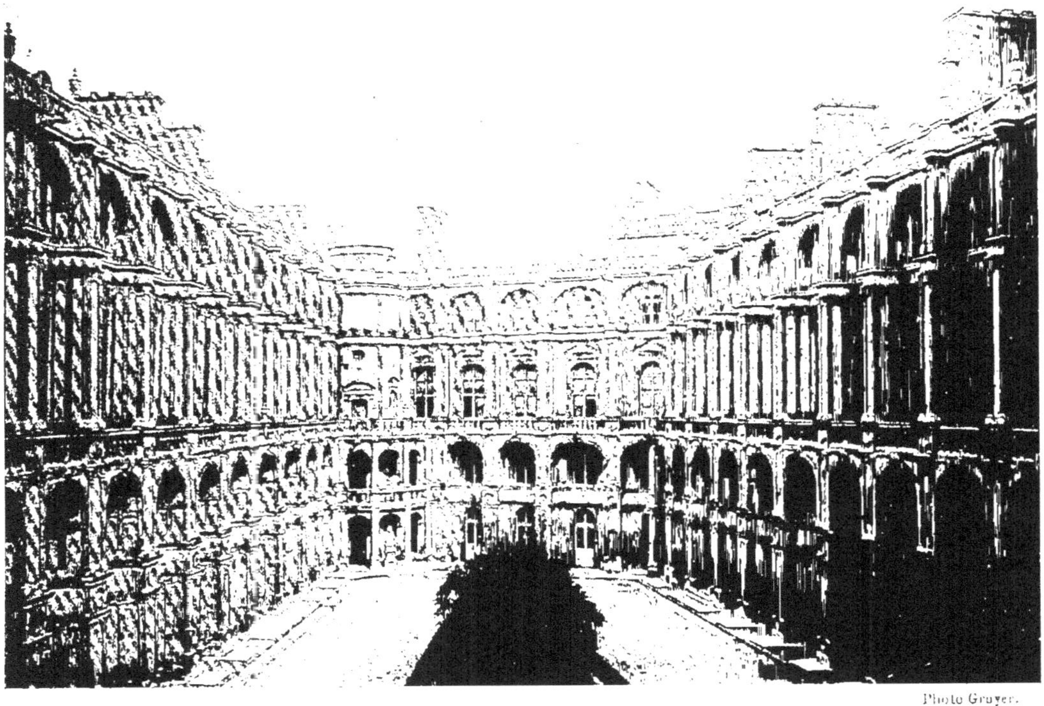

Photo Gruyer.

La Cour Intérieure du Château.

de bois, construit par Philibert de l'Orme, en 1548, dit « Pont de la Reine », servait de même à la Reine pour sortir directement du Château. Il aboutissait à l'entresol de la Tourelle parallèle qui, un peu plus loin, fait l'angle de la Face de l'Est et de la Face du Sud. Aucun plan ni dessin n'en a été conservé. — La Face de l'Est regarde vers la Seine et vers Paris, et se raccordait jadis au Château Neuf, qu'elle dominait. — La Face Sud, en bordure aujourd'hui de la Rue Thiers, avait été percée, par Mansart, d'un Portail, précédé d'un quatrième Pont, par où entraient au Château le carrosse du Roi et ceux de la Cour. Une estampe d'Aveline [1] nous montre cette disposition. C'est au-dessus de cette porte, murée en 1836, détruite en 1875, qu'était placé le haut-relief des Victoires, dont nous avons retrouvé tout à l'heure une copie au-dessus de l'entrée actuelle du Château. Elles soutenaient la Couronne Royale au-dessus de l'Écusson de France, double motif qui avait été gratté à l'époque de la Révolution. On ne voit plus, sur cette face, qu'une petite Passerelle, qui traverse le fossé. — La Face Sud-Ouest, la cinquième et dernière du pentagone, est formée par la Chapelle de Saint-Louis, avec ses hautes et fines fenêtres ogivales et son grand toit de plomb. Nous nous retrouvons, au delà, à la Place du Château et à notre point de départ.

Entrant, on traverse d'abord un *Vestibule* de pierre blanche et de brique rouge, aux riches Pendentifs, si chers à la Renaissance, qui descendent des voûtes comme des stalactites, et alternent avec des Clefs de Voûte décorées de fleurs de lys, de têtes jolies d'hommes et de femmes, qui semblent regarder le passant. A gauche, la loge actuelle du concierge était, sous Henri II, la « Forge de l'Horloger » du Château, munie d'une forge, de soufflets et d'un établi, avec les outils nécessaires ;

(1) Voir l'Estampe de la page 33.

l'horloger logeait au-dessus, à l'entresol. Au delà, au sous-sol du Donjon de Charles V, se trouvait la Prison. A droite du vestibule était la « Chambre de guet des Suisses ». La galerie qui fait suite était garnie de mangeoires, à l'usage des chevaux des Suisses, et desservait, à son extrémité, la Cuisine de la « Bouche du Roi ».

On accède ensuite à la *Cour intérieure* du Château, dont l'aspect est sensiblement le même que celui qu'elle offrait à François Ier et que nous fait connaître le relevé de Du Cerceau. Son dessin pentagonal, qui suit les lignes extérieures de l'édifice, affecte la forme d'un D gothique. Tout y est à la fois simple et élégant, léger et robuste. Ce ne sont qu'arcs-boutants aériens, arcades et galeries couvertes, frontons triangulaires, alternant avec la courbe des cintres, balustres ornés, aux terrasses supérieures, de la multiple Salamandre de François Ier. Le mélange constant de la pierre et de la brique donne à l'atmosphère une curieuse teinte rosée. Aux contreforts qui du rez-de-chaussée s'élèvent vers l'entresol, des médaillons circulaires ont perdu leurs ornements. Trois Tourelles rondes, à trois des cinq angles de la cour, renferment un escalier tournant, une « vis », comme on disait autrefois. Deux autres vis sont encastrées dans les constructions. Un petit parterre sans style, qui occupe le milieu de la cour, pourrait être transformé sans peine en un de ces « Parterres de Broderie », où des buis taillés décrivaient des rosaces et des arabesques, entremêlées de sables de couleur, et qui achèverait de parfaire cet original et charmant décor.

Aussitôt à droite, dans la cour, est la *Chapelle*, élevée par Saint Louis, de 1230 environ à 1238, date de son inauguration, c'est-à-dire quatre ans avant la Sainte-Chapelle de Paris. Ce délicieux édifice ogival, aux immenses et sveltes croisées, dépouillées aujourd'hui du lumineux mystère de leurs vitraux, se rattache au style des chapelles absidiales de la Cathédrale de Reims. On a supposé que, comme elles et comme la Sainte-Chapelle, la Chapelle de Saint-Germain eut pour Maître de l'œuvre Pierre de Montreuil (ou de Montereau). Mais tous documents précis font défaut. Seul survivant du Château de cette époque, le pieux monument devait subir, au cours des siècles, bien des avatars et être cruellement malmené. Dès la reconstruction générale de François Ier, son chevet et la belle rosace qui l'illuminait, furent en partie obstrués par les bâtiments nouveaux de la Face Ouest du Château. Ils furent, sous Louis XIV, entièrement emmurés, au cours des travaux effectués par Mansart à partir de 1680. Dès François Ier pareillement, les fenêtres extérieures avaient été, jusqu'au faîte presque de leurs ogives, encastrées dans le Chemin de Ronde qui encercle le Château. La rosace, retrouvée par Millet, dans l'épaisseur des maçonneries, a été restaurée par Daumet. Le réseau de sa fine dentelle de pierre ne couvre pas moins de cent mètres carrés, mais la clarté du jour ne le traverse plus et ses multiples yeux où, sous les feux du couchant, brasillaient, craquelaient et chatoyaient les couleurs, sont demeurés éternellement aveugles [1]. Les anciennes voûtes gothiques ont été conservées. Au joint de leurs nervures, on aperçoit, en guise de clefs de voûte, sept Têtes sculptées. Une huitième apparaît à l'angle sud-ouest de la Chapelle. Il y a six têtes d'hommes et deux de femmes. Une des têtes d'hommes, qui porte la couronne, n'est autre que celle de Saint Louis [2]. Cette image, infiniment précieuse et toute vivante, nous montre le roi chrétien avec son grand nez, son

(1) Il est à noter que la Chapelle de Saint-Germain n'a pas d'orientation liturgique. Au rebours de l'usage ordinaire, son chevet est orienté vers l'Ouest, tandis que l'autel regarde l'Orient.

(2) Voir les gravures des pages 10 et 11.

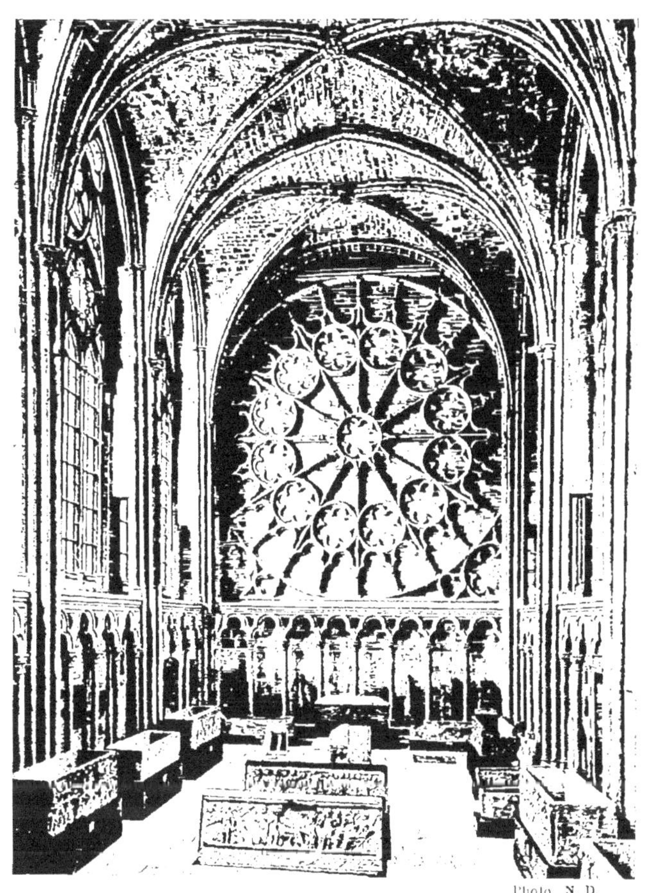

Photo N. D.

Rosace de la Chapelle du Château.

cou rentré dans les épaules et sa figure légèrement émaciée, au regard immensément doux, que transfigure une flamme de bonté. Des deux têtes de femmes, l'une est pareillement couronnée, avec des cheveux bouclés ; c'est, semble-t-il, Blanche de Castille, mère du Roi, ou Marguerite de Provence, sa femme. La seconde tête porte une sorte de coiffure ronde, maintenue par une mentonnière. Une des sœurs du Roi, sans doute, et les cinq autres têtes, celles de ses frères. Sous le règne d'Henri II, la Chapelle reçut un Buffet d'Orgues, aux colonnes cannelées, et, à la mode du jour, un Jubé, riches et délicats ouvrages de bois sculpté, exécutés par le Maître menuisier Francisque de Carpy, d'après les dessins de Philibert de l'Orme. D'autres boiseries sculptées furent mises en place sous Louis XIII et sous Louis XIV, notamment à la Sacristie et à ses portes, et Aubin Vouet décora de fresques, dont on voit encore les traces, les voûtes de la nef. La Chapelle fut, en outre, dotée de nombreux tableaux, de maîtres italiens et français, et à son chœur, aveuglé de sa rosace, d'un Maître-Autel monumental, aux colonnes de marbre noir et blanc. Sur la toiture, Mansart, au cours de ses remaniements de 1680, construisit un étage supplémentaire du Château, qui reliait entre elles, sans solution de continuité, les Terrasses supérieures. Les tableaux et la plupart des boiseries furent dispersés à l'époque de la Révolution. En 1826, Charles X accorda cinquante mille francs pour les travaux de restauration les plus urgents et l'ancienne Chapelle de Saint-Louis fut rendue au culte. On lui a restitué aujourd'hui son aspect gothique, mais non la patine des siècles, qu'elle a perdue. Je n'aime pas beaucoup les grands vitrages qui ont remplacé les anciennes verrières disparues. D'un vert d'eau trop cru, ils conviendraient beaucoup mieux, semble-t-il, à la véranda de quelque villa de banlieue. N'aurait-on pu trouver mieux, et plus profond, et plus voilé ?

Du côté gauche de la cour s'ouvre le *Grand Escalier*, l'ancien Escalier d'Honneur, en pierre et briques, qui ne mesure pas plus de deux mètres de large. Ses belles voûtes à pendentifs allient l'arc antique, en plein cintre, de la Renaissance, aux ogives gothiques. C'est la transition, encore mal définie, élégante cependant, de deux arts différents. Mais, ici non plus, je ne prise guère les petites plinthes de bois que l'architecte moderne a fait courir le long des marches de pierre, ni les peinturlurages fantaisistes, et les menues dorures, dont il a décoré les murs. François Ier, trop évidemment, n'a jamais rien eu de tel sous les yeux. D'une façon générale, l'œuvre de restauration intérieure du Château était la plus scabreuse, et est demeurée la moins heureuse. Tout est trop neuf, trop verni, trop mesquinement reluisant. Partout, notamment aux encadrements et aux serrures des portes, s'étale une quincaillerie de pacotille. Les grandes Cheminées, qui ont été refaites, auraient dû recevoir une patine quelconque, même artificielle. On sent trop la reconstruction. Et la nécessité d'adapter le Château à la destination d'un Musée sans rapport moral avec l'édifice a aggravé le mal. Nous reviendrons d'ailleurs sur ce point.

Mais reprenons notre visite au point de vue historique. L'entresol est, comme le Rez-de-Chaussée, fort peu éclairé, par de petites fenêtres pratiquées dans des murs épais. Il servait, du côté extérieur du Château, de Chemin de Ronde. Nous savons qu'à cet étage se trouvaient, sous François Ier et sous Henri II, le « Garde-Meuble » et la « Chambre des Armes » du Roi, qui prenaient jour sur la cour intérieure. Y était pareillement installée la *Salle des Tapisseries du Roi*, dans la pièce d'angle de l'Aile du Nord et de l'Aile de l'Est, aujourd'hui Salle XXIV. Les tapisseries appartenant à François Ier étaient fort belles ; il en avait acheté en Flandre un grand nombre. Plus tard, Louis XIV en possédera une non moins riche collection, et celles qu'il fit exécuter aux Gobelins sont demeurées célèbres. Ce sont ces tapisseries et des étoffes de laine, soie ou velours, qui tendaient les murs des escaliers et des principales pièces du Château. Il ne semble pas, au surplus, que Saint-Germain ait nulle part reçu, comme Fontainebleau par exemple, de peintures décoratives intérieures. Le Château demeurait une demi-forteresse, un simple pied-à-terre de plaisance. Il en fut de même sous Louis XIV, époque où tout l'effort pictural se porta à Versailles. A l'Entresol, dans l'Aile de l'Est, au-dessous de l'Appartement de la Reine, « Dyane de Poitiers », duchesse de Valentinois, dite « Madame la Grand Sénéchale », avait, sous Henri II, son oratoire et son appartement, tandis que sa fille adoptive, Diane de France, dite « Mademoiselle la Bâtarde », logeait au Rez-de-Chaussée de l'Aile du Sud. A la même époque (1548-1550), nous trouvons parmi les hôtes du Château, outre le Roi, la Reine et le Dauphin (François II) : Madame Marguerite, sœur du Roi ; la « petite Reyne d'Écosse » (Marie Stuart) ; le « Roy de Navarre » (Antoine de Bourbon, époux de Jeanne d'Albret et père d'Henri IV) ; le Connétable Anne de Montmorency ; les Cardinaux de Ferrare, de Châtillon, de Vendôme, de Guise, du Bellay et de Bourbon ; l'Ambassadeur de Portugal ; le Pédagogue de Monseigneur le Dauphin, l'Apothicaire du Roi et la « petite Nayne de la Reine », chargée de divertir Catherine de Médicis.

Le PREMIER ÉTAGE a ses hauts plafonds plats soutenus par des alignements de solives apparentes. Les pièces, très lumineuses, sont éclairées des deux côtés à la fois, sur la Cour intérieure et sur le Parc, par de grandes fenêtres, légèrement cintrées. Chaque pièce est munie d'une de ces vastes Cheminées à manteau, de la Renaissance, où l'on pouvait faire brûler la charge entière d'un âne, d'un seul coup, et l'âne par-dessus le marché, comme Brantôme nous conte qu'il advint je ne sais plus où. Ces cheminées étaient communément garnies de volets qui, lorsqu'on n'allumait point le feu et durant l'été, pouvaient se refermer, afin d'empêcher le vent d'y souffler. Sauf une ou deux, elles ont été, ici, entièrement refaites par Millet.

Dès François Ier, cet étage fut réservé aux Appartements Royaux et les identifications que nous trouvons, au début notamment du règne de Louis XIV, sont intéressantes et précises. A gauche du Grand Escalier, on entrait d'abord dans la *Salle des Gardes du Roi* (Salle XIII), qui correspondait à l'Œil-de-Bœuf de Versailles, et où les courtisans et porteurs de suppliques attendaient que s'ouvrissent les portes de l'Appartement du Roi. Les murs, nous apprend l'*Inventaire du Mobilier de la Couronne*, en étaient tendus de brocatelle aurore et verte, avec bordure aurore et rouge. — La salle suivante (Salle XIV), petite pièce étroite, ancienne « Garde-Robe » de François Ier, était l'*Antichambre du Roi*, garnie de brocatelle de Venise, aurore, rouge et verte, avec bordure blanche et verte, le tout doublé de toile rouge. A cette pièce aboutissait l'escalier tournant, dit la « *Vis du Roi* », qui existe encore, et par où le souverain gagnait directement, pour sortir, le Pont du Roi (p. 52). Venait ensuite, dans la pièce d'angle, la *Chambre de parade du Roi* (Salle XV), remaniée pour Louis XIV, en 1669, époque où la Cheminée fut reportée à la place actuelle. Ici avaient lieu les cérémonies du Lever et du Coucher, et le Roi donnait ses audiences à ceux qui en étaient favorisés. La Chambre n'occupait qu'une partie de la pièce actuelle, celle qui regarde vers les Parterres. Dans la tourelle d'angle et dans la partie orientée vers l'Est, avaient été aménagés les *Petits Cabinets du Roi*, minuscules et somptueux réduits, garnis de ciselures dorées, de marqueteries de marbre et de bois précieux, de miroirs de glaces, dont les uns portaient des peintures exécutées sous le verre, du côté du tain [1]. Pour mobilier, des Termes, des Socles et des Vases en filigrane d'or et d'argent, comme il en foisonnera à Versailles, dans les Grands Appartements et dans la Galerie des Glaces. Il y avait, parmi ces Cabinets, qui étaient au nombre de cinq, une « Chambre de Repos » pour la sieste de midi, avec un lustre qui pendait du plafond et, sur une estrade, un lit à la romaine, au dossier d'argent ajouré, aux rideaux relevés, tissus d'or et d'argent ; puis une « Chambre des Parfums » et une « Grotte », dont le plancher était fait de marbres multicolores, « d'où sort, nous conte un témoin oculaire, en un récit charmant, un gros jet qui va jusqu'au plafond attaquer un petit Amour qui tient un foudre.... Mais cette eau, non contente de lui porter son bouillon jusque dans le nez, semble faire passer son jet au travers des glaces du plafond et former ainsi un second jet au-dessus de ce petit foudroyant qui, par cet agréable prestige, a l'affront encore de paraître enfermé entre deux eaux jaillissantes [2]. » Dans le Cabinet Rond de la tourelle, « il y a, comme partout ailleurs, des miroirs, des glaces, de l'or à profusion, plus deux grandes figures d'argent et, dans l'ouverture de la Cheminée, un grand vase d'argent qui fait cent petites fontaines, jaillissantes à discrétion ; et cela sert, quand on veut, à rafraîchir agréablement le lieu en été ». Dans cette même pièce se trouvaient deux fauteuils, quatre sièges pliants et un petit paravent à quatre feuilles, le tout de velours bleu, garni de franges

(1) Nous retrouverons au Château de Maisons un Cabinet de ce genre (p. 178). Voir le plan qui est en tête du volume.

(2) *La Promenade de Saint-Germain*, lettre à Mlle de Scudéry, par Le Laboureur, bailli de Montmorency.

d'or ; sur un des murs, une tapisserie, et deux autres servant de rideau et de portière (*Mobilier de la Couronne*). Ces curieux et précieux réduits furent impitoyablement sacrifiés dès 1680, lors des seconds remaniements de Mansart. — La *Chambre du Roi*, celle où le Roi couchait réellement, faisait suite (Salle XVI). Elle était mitoyenne avec celle de la Reine, dont commençaient les Appartements.

La *Chambre de la Reine* occupait la première moitié de la Salle XVII actuelle, dont la seconde moitié était *Antichambre de la Reine*. La pièce d'angle de l'Aile de l'Est et de l'Aile du Midi (Salle XVIII) était la *Salle des Gardes de la Reine*, où avait été ménagé (en retour d'angle sur la Rue Thiers) un *Petit Cabinet*, auquel aboutissait la « *Vis de la Reine* ». Par cet escalier tournant, conservé, et qui descendait vers le Pont de la Reine (p. 54), la souveraine avait, elle aussi, sa sortie privée. Les tentures des fenêtres de l'appartement étaient, comme chez le Roi et chez le Dauphin, de damas blanc frangé d'or. L'*Oratoire de la Reine*, meublé d'un fauteuil et de quatre sièges pliants, couverts de brocart d'or, d'argent et vert, avec franges d'or et d'argent, servait de communication avec l'Appartement des Enfants de France (exception faite du Dauphin), qui occupait, jusqu'à la Chapelle, tout le Premier Étage de l'Aile du Midi.

Toutes les pièces de cet Appartement avaient été, dès Henri II, coupées dans leur hauteur, pour établir dans la partie supérieure un entresol, où, dans des espèces de soupentes, logeaient les domestiques, nourrices et femmes de chambre des Enfants Royaux. Ces pièces, qui sont aujourd'hui à l'usage du Conservateur du Château, ont été rétablies dans leur hauteur normale. Deux d'entre elles ont reçu des boiseries du XVIIe siècle, provenant de la Chapelle, et des portes au Chiffre de Marie-Antoinette. Ces boiseries sont-elles réellement les seules qui subsistaient dans le Château ? D'autres n'ont-elles pas été inutilement sacrifiées ? L'art du Grand Siècle était, aux alentours de 1862, en piètre honneur, et l'on voit, dans les panneaux qui ont été remis en place, des fleurs de lys placées la tête en bas. Il y a aussi une Cheminée, refaite à la mode du XVIIe siècle, qui est garnie de faïences modernes, affreusement criardes. Tout cela n'est qu'à demi rassurant.

Revenant sur ses pas vers le Grand Escalier, on trouve de l'autre côté du palier, dans l'Aile du Nord, en bordure des Parterres, l'ancien Appartement du Dauphin, qu'habita le Grand Dauphin, fils de Louis XIV. La première pièce (Salle I) était la *Salle des Gardes du Dauphin*. C'est dans cette salle qu'à la suite de la dernière guerre a été signé le Traité de paix avec l'Autriche, le 10 septembre 1919, entre le Chancelier d'Autriche Renner et les représentants des Puissances Alliées. La pièce suivante (Salle II) était coupée en deux et formait l'*Antichambre* et le *Petit Cabinet du Dauphin*. — Celle qui vient après (Salle III) était la *Chambre du Dauphin* et, dans la pièce voisine, qui occupe le Premier Étage du Donjon, logeait Mme de Montausier, Gouvernante du Grand Dauphin.

Au delà, en retour d'angle sur la Place du Château, la *Salle des Fêtes*, Salle de Bal et Salle de Comédie, occupe toute la longueur de l'Aile de l'Ouest et, avec sa double ligne de fenêtres, la hauteur superposée du Premier et du Second Étage. Cette salle, la plus belle du Château, a pour plafond de magnifiques voûtes gothiques, en pierre et briques. Sa haute Cheminée du XVIe siècle, restaurée, porte les Armes de France et une grosse Salamandre sculptées sur son manteau [1]. Les souvenirs ici, pour le règne de Louis XIV, sont nombreux.

(1) Par une curieuse erreur, les Fleurs de Lys, deux et une, de l'Écu de France, ont été figurées une et deux, par l'artiste ancien.

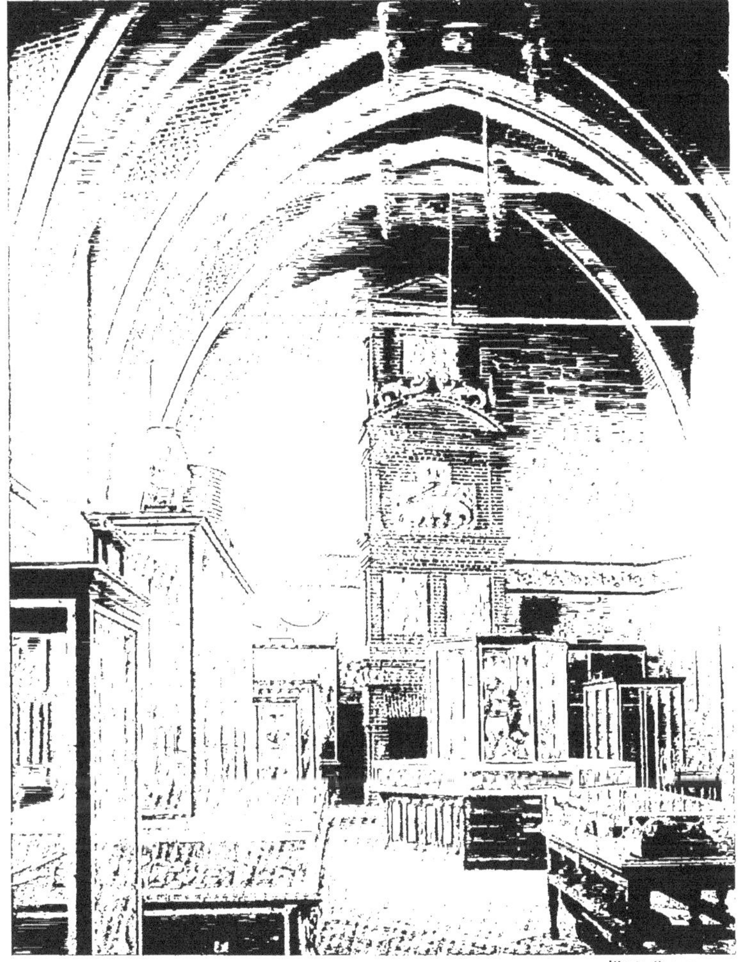

Photo Gruver.

Ancienne Salle des Fêtes et Cheminée ancienne.
Celle-ci porte la Salamandre couronnée de François Ier.

Le 14 août 1665, nous trouvons présente la troupe de Molière, qui appartenait alors à Monsieur, frère du Roi. A l'issue de la représentation, Louis XIV manda Molière et lui déclara que son intention était de le demander à son frère, ainsi que tous les acteurs. « Sa Majesté donna en même temps six mille livres de pension (24.000 francs) à la troupe, qui prit congé de Monsieur et prit ce titre : La Troupe du Roi au Palais-Royal. » Les 2, 12 et 26 décembre 1666, fut répété et joué devant la Cour le *Ballet des Muses*, qui eut, au mois de janvier suivant, plusieurs autres représentations, tant à Saint-Germain qu'à Paris. Le spectacle se composait de chant, danse et comédie. Les paroles chantées étaient de Benserade et la musique d'accompagnement de Lulli. Durant les danses, par un usage constant à cette époque et excellemment entendu, un livret poétique, qui les expliquait et commentait, était distribué aux spectateurs. Benserade encore en était ici l'auteur. Les intermèdes de comédie étaient de Molière : *Mélicerte*, en 1666 ; *Le Sicilien ou l'Amour Peintre*, en 1667. Louis XIV, qui avait vingt-huit ans et était demeuré un danseur souple et infatigable, y paya royalement de sa personne. Il y figura successivement un Berger, Cyrus et une Nymphe (on sait que les rôles de femmes avaient été longtemps, au théâtre, tenus par des hommes). Au cours de son rôle de Berger, il chantait :

« Vous savez l'amour extrême
Que j'ai pris pour vos beaux yeux.
Hâtez-vous d'aimer de même,
Les moments sont précieux.
Tôt ou tard il faut qu'on aime
Et le plus tôt est le mieux. »

Cette déclaration s'envolait en partie double vers Mlle de La Vallière et vers Mme de Montespan, qu'il avait pour partenaires, sous le costume de deux Bergères. L'astre de la première commençait à décliner, celui de la seconde à monter. Et, là encore, il est un peu pénible de songer que Marie-Thérèse, complètement instruite pour l'une, ignorante encore pour l'autre, était assise au premier rang des spectateurs. Les autres rôles masculins étaient tenus par divers courtisans, celui d'Orphée par Lulli. Les filles d'honneur de la Reine, Madame Henriette et les plus jolies femmes de la Cour étaient les actrices et les danseuses.

Furent encore représentés dans la même salle : *Astrate*, tragédie de Quinault, le 10 janvier 1665 ; *Andromaque*, de Racine, le 17 novembre 1667, semble-t-il ; *L'Avare*, de Molière, en novembre 1668 ; *Les Plaideurs*, de Racine, en décembre 1668 ; semble-t-il ; *Les Amants Magnifiques*, de Molière et Lulli, en février et mars 1670 ; *Le Bourgeois Gentilhomme*, de Molière, en novembre 1670 ; *Britannicus*, de Racine, durant l'hiver de 1670-71, et en décembre 1681 ; *Le Ballet des Ballets*, en novembre et décembre 1671 ; *Mithridate*, de Racine, le 11 février 1673, le 4 décembre 1680, et en janvier 1688 ; *Thésée*, de Quinault et Lulli, le 10 janvier 1675 ; *Isis*, par les mêmes auteurs, le 5 janvier 1677 ; *Bellérophon*, de Lulli, le 15 janvier 1680, à l'occasion du mariage de Mlle de Blois ; *Proserpine*, de Quinault et Lulli, le 3 février, semble-t-il, et le 19 mars, pour le mariage du Grand Dauphin ; *Bérénice*, de Racine, quatre fois d'août 1680 à septembre 1685 ; *Le Triomphe de l'Amour*, de Benserade, Quinault et Lulli, en janvier 1681 ; *Bajazet*, de Racine, en 1682. Pour ces représentations, des estrades destinées aux invités (on conte que Louis XIV opérait lui-même, à l'entrée de la salle, un contrôle rigoureux) étaient dressées le long des murs de droite et de gauche, et se faisaient vis-à-vis. L'espace entre elles demeurait vide, et seuls le Roi, la Reine et les Enfants Royaux faisaient face à la scène, sur leurs fauteuils. Dans cette salle encore, entouré du Grand Dauphin, de Monsieur et des Princes du Sang, Louis XIV reçut Jacques II Stuart, à son arrivée à Saint-Germain, le 7 janvier 1689.

Un siècle après, la Salle des Fêtes ne servait plus qu'aux troupes de comédie de passage, qui y donnaient des représentations aux bonnes gens de Saint-Germain. Lors de la restauration de 1862, on a retrouvé, sous le carrelage de la salle, plusieurs petites Affiches, de vingt centimètres sur quinze, moitié imprimées, moitié écrites à la main, qui annonçaient ces spectacles ou étaient distribuées comme programmes. L'une d'elles est ainsi conçue : « *Par permission de Monseigneur le maréchal de Noailles* [gouverneur de Saint-Germain], *les comédiens donneront aujourd'hui 7 mai* 1789, Le Déserteur, *opéra, précédé du* Retour de Clitandre, *scène lyrique de M. de Valigny, dans laquelle l'auteur remplira le rôle de Clitandre. On commencera par* Les Chasseurs et la Laitière. — *On commencera à cinq heures et demie précises. C'est à la salle des Spectacles du Château. Le prix d'abonnement pour les dames est de 9 livres par mois pour douze représentations, celui des hommes est de 15 livres.* » Depuis le *Ballet des Muses*, le temps évidemment avait coulé. En 1812, les voûtes de la salle, devenue *Salle de Mars*, étaient crevées et le vent passait par ses fenêtres ; les élèves de l'École de Cavalerie de Saint-Germain y faisaient l'exercice militaire. On y installa, la même année, après quelques réparations, le réfectoire. De 1832 à 1855, les détenus du Pénitencier y confectionnèrent des chaussons de lisière. Des idoles canaques y trônent aujourd'hui.

Le SECOND ÉTAGE du Château, auquel nous amène le Grand Escalier, est voûté, de voûtes ogivales ou cintrées en anse de panier, faites pour supporter le poids énorme des dalles de pierre qui recouvraient primitivement les Terrasses des toits. L'écartement de ces voûtes est maintenu par des barres

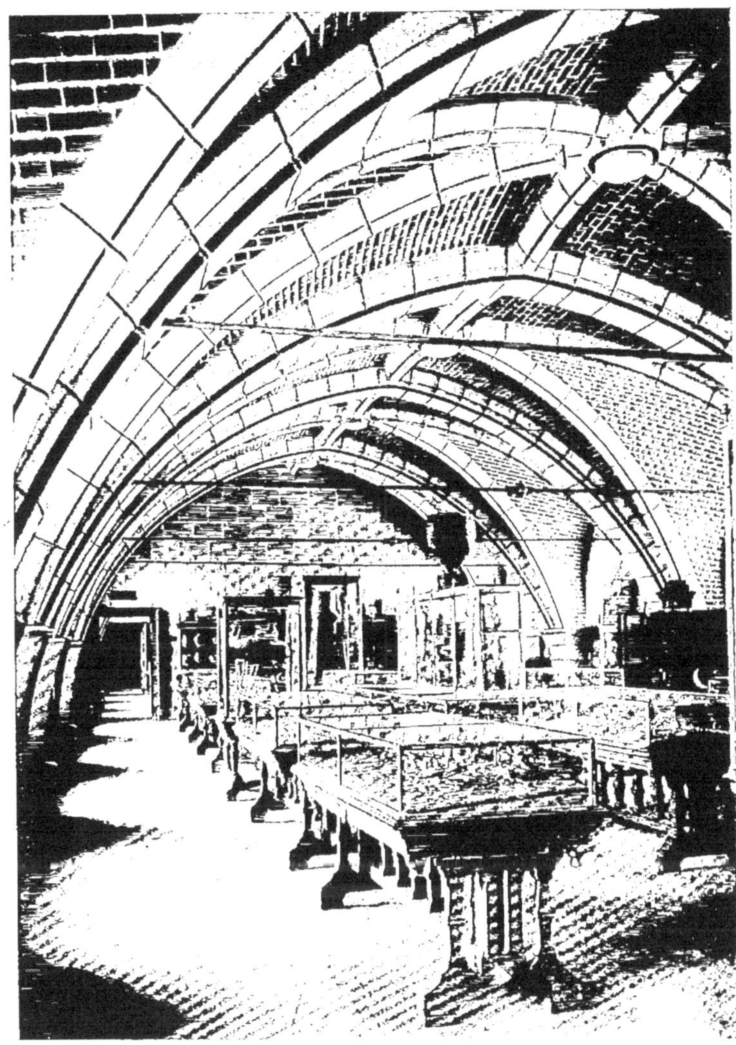

Photo Gruyer.

Deuxième Étage du Château, avec voûtes en ogive de pierre et briques.
L'écartement en est maintenu par des barres de fer transversales.

de fer transversales, munies de crampons, dont l'emploi inaugurait alors l'usage du métal, se substituant pour la première fois, dans la construction, à celui du bois. A cet étage, dans l'Aile du Sud, quatre petites pièces, deux sur la Rue Thiers actuelle, les deux autres sur la cour, formaient l'*Appartement de Mlle de La Vallière*. A partir de 1667, Louise fut contrainte, par la volonté du Roi, de partager cet appartement avec sa rivale, *Mme de Montespan*, qui la supplantait. Ce minuscule logis était richement décoré de glaces et de miroirs (le Grand Cabinet en était entièrement tapissé), de tapisseries et de tentures de velours et de brocart d'or, et meublé de sièges de velours rouge cramoisi, à arabesques, sur fond d'or. En 1669, nous trouvons une commande, faite en même temps par les deux femmes, à un architecte de Paris, nommé Jean Marot, de quatre « Grottes » à exécuter dans leurs appartements de Saint-Germain. Il s'agissait évidemment de grottes semblables à celles que nous avons rencontrées dans les Petits Cabinets du Roi. Mais il semble ressortir de là que les deux favorites disposaient, dans le Château, d'autres pièces que les quatre qui leur étaient officiellement attribuées. Ce qui est certain, c'est que Mme de Montespan, qui avait été imposée comme Surintendante à la Reine, descendait, dès 1673, à l'entresol, dans l'ancien appartement de Diane de Poitiers, remanié et embelli à son intention. De Nancy, le Roi écrivait à Colbert de faire presser les travaux, et que la marquise voulait une volière et partout des fleurs. Un projet pour les Peintures des plafonds existe encore aux Archives Nationales. Et ne quittons pas Mme de Montespan sans rappeler que le Château de Saint-Germain fut témoin, en février 1668, des incantations secrètes auxquelles, en compagnie de scélérats qui l'exploitaient, se livrait la marquise pour obtenir, de Dieu ou du Diable, la continuation des bonnes grâces du Roi et la disgrâce ou la mort de La Vallière. Les opérateurs étaient un certain Lesage, élève et rival de la Voisin, et un nommé Marietti. Après avoir enterré, au Bois de Boulogne, deux cœurs de pigeon, symboles de ceux du Roi et de La Vallière, incantation infaillible, assuraient-ils, les deux coquins se rendirent à Saint-Germain, à l'appartement de Mme de Thianges, sœur de Mme de Montespan. Marietti, en surplis et en étole, fit des aspersions d'eau bénite et débita l'Évangile des Rois sur la tête de la marquise agenouillée, tandis que celle-ci récitait une conjuration contre La Vallière. Lesage, durant ce temps, faisait des fumées et brûlait de l'encens.

Dans une autre partie du Second Étage, au-dessus de l'Appartement du Roi, ce fut au tour de Mme de Maintenon d'avoir, à dater de 1674, son appartement. L'*Appartement de Mme de Maintenon*, qui était, sous Henri II, celui du Connétable Anne de Montmorency, occupait les Salles actuelles VIII et IX, et une partie de la Salle VII. Les pièces avaient été cloisonnées et entresolées, de façon à former, avec leurs soupentes, un appartement complet. Par sa « vis » tournante, Louis XIV avait directement accès chez la gouvernante des enfants Montespan, chez cette femme à la romanesque et presque incroyable destinée, dont la vertu était à la fois inflexible et souple, et qui, spirituelle et gaie, était, au total, prodigieusement habile, puisque « le plus grand Roi du monde », comme disait Mlle de Scudéry, devait épouser, en 1684, la veuve du cul-de-jatte Scarron.

Les appartements en soupente qui, dès la construction du Château, coupaient en deux, dans la hauteur, certaines pièces du Second Étage (celles, évidemment, qui sont aux angles du Château et dont les plafonds sont les plus élevés), constituaient ce qu'on appelait le *Troisième Étage*, ou le « Galetas ».

C'est là que fut logée, en 1548, en fort bonne compagnie d'ailleurs, la petite Marie Stuart. Son appartement occupait la partie supérieure de ces mêmes Salles VII, VIII et IX, dévolues, sous Louis XIV, à Mme de Maintenon.

Les *Terrasses* terminales, qui étaient comme la raison d'être de la construction nouvelle de François Ier, couvrent près de trois mille mètres de superficie. Du Cerceau les déclare le premier ouvrage de ce genre et le plus remarquable qui ait encore été fait en Europe. Les dalles de pierre qui les couvraient s'élevaient légèrement en arête, établissant ainsi une pente douce, pour l'écoulement de l'eau vers les murs extérieurs et leurs gargouilles, qui la déversaient dans les fossés du Château. Elles ont été remplacées par une couverture de zinc, plus légère, mais qui laisse aujourd'hui peu de place pour la circulation. Aussi les Terrasses sont-elles fermées au public. Des Vases de pierre s'alignent sur les balustres.

Le Roi et la Cour montaient aux Terrasses, à la fraîcheur du soir. Une nuit, Henri IV, qui venait de donner à Gabrielle d'Estrées le magnifique Château de Montceaux, près de Meaux, distant de soixante-trois kilomètres nord-est à vol d'oiseau, y alluma un grand feu. Ce signal optique parvint à destination et la flamme alla porter à sa belle amie la pensée du Vert-Galant. La vue dont on jouit de ce belvédère aérien est, en effet, beaucoup plus étendue et plus complète que de la Grande Terrasse du Parc. On voit à ses pieds la ville et ses toits, et le superbe manteau vert de la Forêt, aux cimes moutonneuses, qui, jusqu'à Maisons-Laffitte et Achères, s'étale dans la longue presqu'île décrite par la boucle de la Seine entre Saint-Germain et Poissy. Au delà, l'horizon forme un cercle complet, où se rejoint, aux quatre points cardinaux, la ligne lointaine des plaines et des collines.

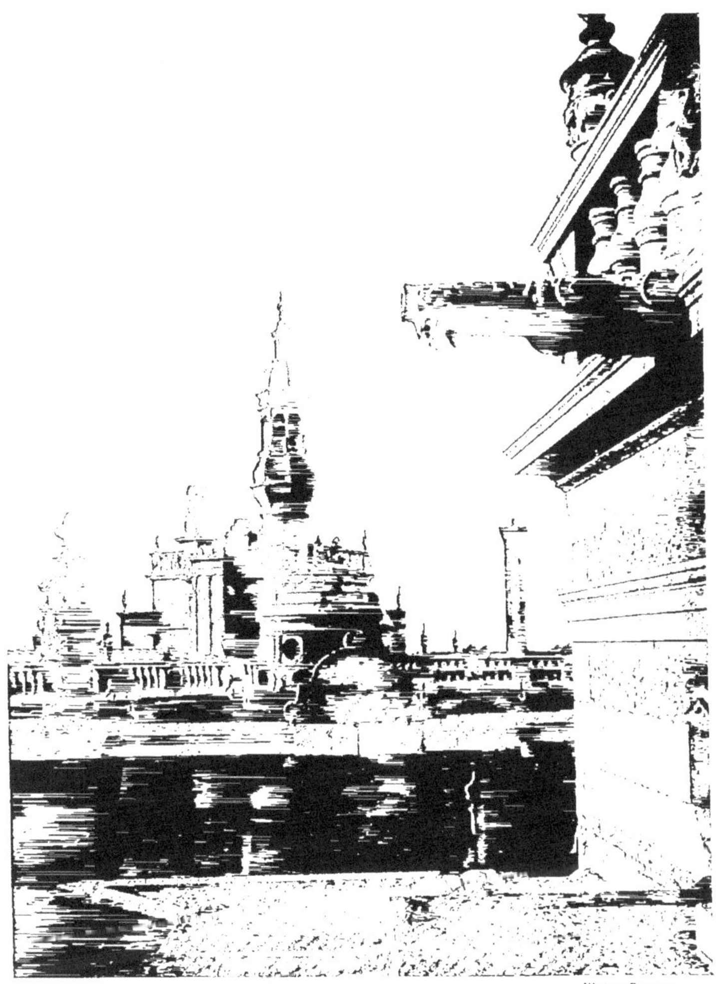

Photo Gruyer.

Les Toits en terrasse du Château et le Campanile.

***

Le Château abrite aujourd'hui un Musée des ANTIQUITÉS NATIONALES DE LA FRANCE, auquel il avait été réservé dès sa restauration. Napoléon III s'intéressait aux antiquités de la Gaule romaine. Il fit exécuter des fouilles nombreuses, sur divers points de notre territoire, pour remettre à jour les vestiges de notre passé ancestral, sur le théâtre des lieux, notamment, où les armées gauloises, luttant pour l'indépendance de la patrie, s'étaient heurtées aux légions romaines et à César. Là où subsistaient des monuments architecturaux contemporains de cette époque, puis de la conquête romaine, des moulages ou des maquettes en réduction furent exécutés sur place. En ce qui concerne l'époque préhistorique, Boucher de Perthes, dit le père de l'archéologie antédiluvienne, avait offert à l'État sa collection, qui s'augmenta bientôt de nouveaux dons, ceux entre autres, de Lartet et de Christy. Le musée fut inauguré en 1867. Il n'a cessé depuis de s'agrandir. D'autres fouilles ont été opérées, d'autres dons sont venus, et il compte à l'heure actuelle dans les soixante-dix mille numéros, dont un certain nombre de pièces de premier ordre. Nous ne pouvons prétendre à fournir ici une description tant soit peu complète de ces collections. C'est au savant catalogue rédigé par M. Salomon Reinach, que le visiteur attentif doit se reporter. Tous les objets sont d'ailleurs clairement étiquetés et dénombrés dans leurs vitrines, et accompagnés souvent d'une notice explicative. Ce que nous donnerons seulement, c'est un fil directeur, une vue d'ensemble rationnelle, en rétablissant l'ordre chronologique que la disposition des locaux n'a pas toujours permis de suivre dans l'aménagement matériel des salles.

Le Musée débute aux objets qui, dans les temps les plus reculés, il y a de cela dans les trente à quarante mille ans, ont signalé sur la terre gauloise la présence de ses premiers habitants. C'est l'*Age de la pierre taillée*, celle de la Gaule avant les métaux [1]. Notre sol était peuplé alors d'espèces animales aujourd'hui éteintes, ou qui ont émigré vers d'autres climats. Le grand éléphant, supérieur en taille à celui que nous connaissons, le mammouth ou éléphant à longs poils, le rhinocéros, l'hippopotame, l'ours des cavernes, le grand chat-tigre, le grand cerf, dont les bois n'atteignaient pas moins de 2^{m},60 d'envergure, et le bison, se désaltéraient alors dans la Seine, en compagnie d'autres animaux moins monstrueux, qui se sont perpétués jusqu'à nous, comme le cheval, la chèvre, le bœuf, le cerf ordinaire, le rat, la taupe, l'écureuil. Le renne a émigré en Laponie, le lion en Afrique, le chamois dans les régions alpestres. Déjà, pourtant, des hommes vivaient côte à côte avec ce chaos bestial, dans des cavernes ou des trous de rochers. Pour défendre leur vie dans la grande bataille de la création, pour ravir aux bêtes la viande dont ils se nourrissaient, les peaux dont ils se revêtaient contre les intempéries, ils n'avaient pour toutes armes, pour tous outils, que des Haches, petites ou grosses, des Pointes de flèches et Pointes d'épieux ou de lances, des Couteaux et des Râcloirs, le tout en « Pierre éclatée », c'est-à-dire qu'ils taillaient en cognant avec dextérité, l'une contre l'autre, deux pierres dures et d'un grain homogène, jusqu'à obtenir la forme désirée. Ces mains primitives, et combien rudes, arrivaient à exceller dans ce genre de travail, et on est frappé de la régularité de tous ces objets, dont les types, par contre, se ressemblent tous, ou à peu près. Avec des os étaient fabriqués

(1) Premier Étage du Château, Salles I à III, et Second Étage, Salle IV.

les Poinçons et les Aiguilles, et des Sifflets. Et déjà, dans l'universel carnage, au barrissement des mammouths, au grognement menaçant des ours, au hurlement des lions et des chats-tigres, ces ancêtres étaient des artistes ! Regardez ces Os gravés, où sont figurés, non sans un art surprenant parfois, divers animaux, anguilles, chevaux, rennes et félins divers, des loutres chassant des poissons, et aussi des hommes et des femmes. Ce sont encore des Manches et des Bâtons de bois sculptés, et des Dessins et Peintures, relevés sur les murs des cavernes. Les proches filles d'Ève n'oubliaient pas non plus d'être coquettes. Elles se paraient de Pendeloques faites d'un os percé d'un trou, de Colliers fabriqués avec des coquillages enfilés.

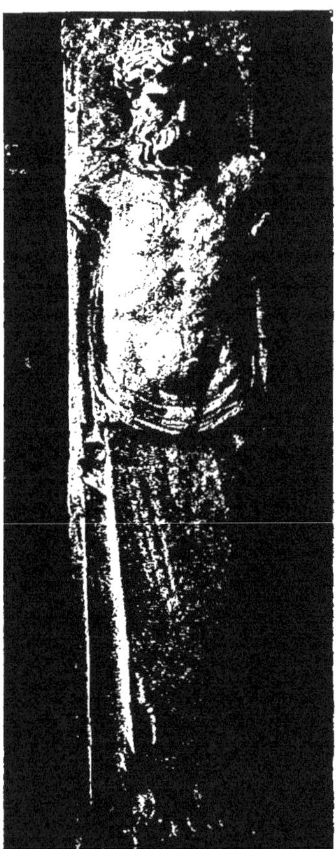

Photo Gruyer.

Cariatide en gaine,
de la Renaissance.
Provenant d'une cheminée détruite du Château. (Musée du Château.)

A la pierre éclatée succède la « Pierre polie », qui indique plus d'habileté industrielle, plus de perfection dans le travail humain. Les armes et outils sont taillés, façonnés et polis en les frottant sur des « Polissoirs » de pierre, avec une longue patience qu'il convient d'admirer. Le tranchant obtenu avec des pierres dures égale celui d'un rasoir d'acier. Prenez une de ces petites haches, si délicatement exécutées, et passez-la vivement sur une feuille de papier mise à plat; celle-ci sera coupée net, sans une bavure. Je me suis amusé souvent à en faire l'expérience. Parmi les pierres employées, on remarque le jade et la jadéite, avec leur belle couleur verte. Avec des pierres multicolores alternées, brunes, vertes et jaunes, se fabriquaient de gros cabochons, réunis en colliers tout à fait semblables à ceux que, par une mode récente, portent actuellement les femmes.

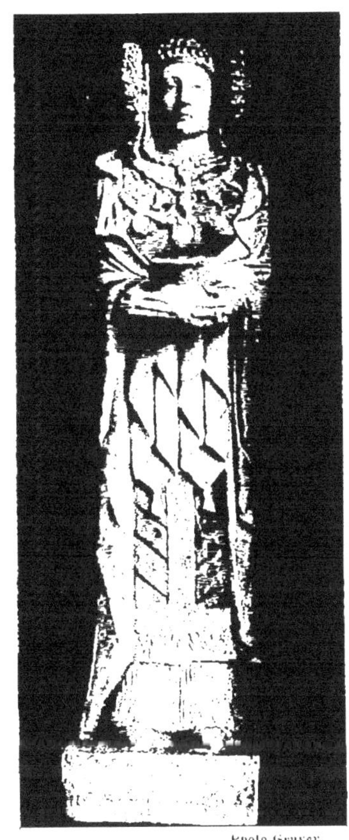

Photo Gruyer.

Statuette polychromée
de l'art hispano-grec;
du ve siècle. Reconstitution moderne.
(Musée du Château.)

Contemporains de cette époque sont les premiers *Monuments mégalithiques*, expression d'une architecture barbare, mais souvent puissante, et qui a sa beauté : « Menhirs », simples pierres levées, à l'instar d'une colonne ou d'un obélisque, dans un but esthétique, en commémoration d'un fait ou d'un souvenir, en guise de point de repère, comme un autel peut-être, qui se dresse vers le ciel. « Dolmens », pierres couchées, en forme de table, sur des pierres levées comme support, et qui servaient de chambres sépulcrales, parfois souterraines ou précédées d'une « Galerie couverte ». Parfois encore, se fait suite toute une série de menhirs, formant ainsi des « Alignements ». Les Gaulois trouvèrent déjà debout sur notre sol ces divers monu-

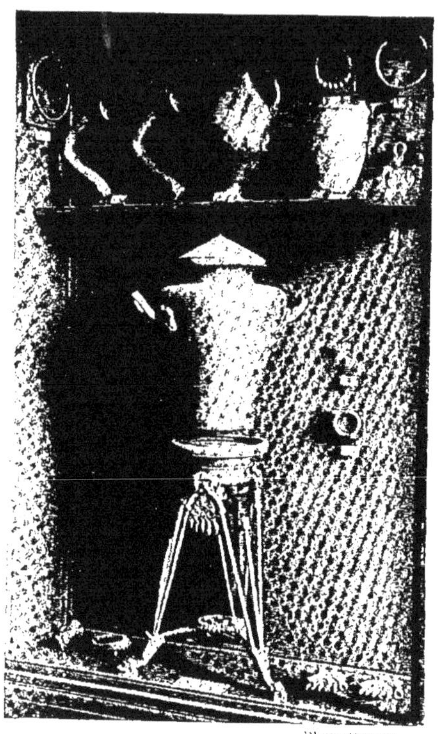

Photo Gruyer.

Vase et Trépied de bronze,
de style gréco-étrusque, rive gauche du Rhin.
(Musée du Château.)

ments, que leur avaient légués les Celtes. Ils continuèrent, semble-t-il, à en ériger de nouveaux, et les sanctifièrent par les rites de leur culte. Les mégalithes se rencontrent un peu partout en France. Mais c'est surtout en Bretagne que l'on en trouve le plus grand nombre, les types les plus variés et les mieux conservés. Le Musée de Saint-Germain nous offre une reproduction réduite et des moulages d'un des plus célèbres d'entre eux, le *Dolmen de Gavrinis*, que recouvre une petite butte,

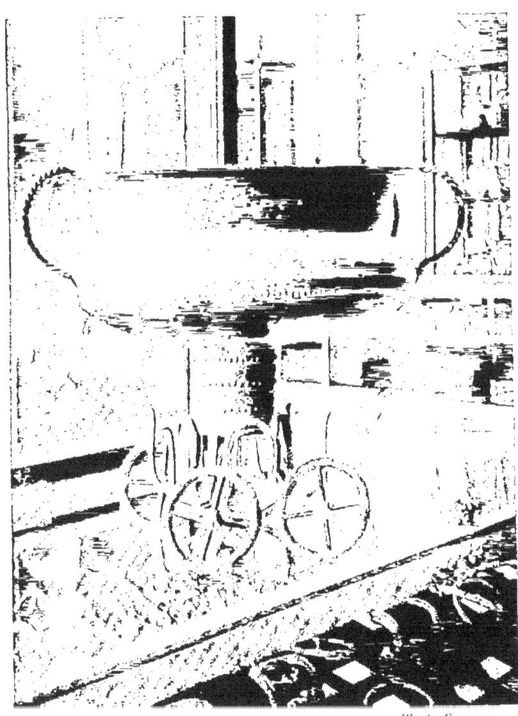

Photo Gruyer.

Chariot de bronze antique, servant de brasero et de brûle-parfums, usité pour les incantations magiques. (Musée du Château.)

dans un îlot du Golfe du Morbihan, près de Vannes. Il serait intéressant de nous montrer également, comme survivance moderne de cette tradition architecturale lointaine, le Vieux Cimetière de Saint-Hélier, dans l'île de Jersey, où de grands arbres recouvrent de leurs rameaux le sol gazonné, sur lequel des dalles verticales, pareilles à autant de petits menhirs, indiquent la place des tombes.

L'homme cependant, animal perfectible, après avoir asservi

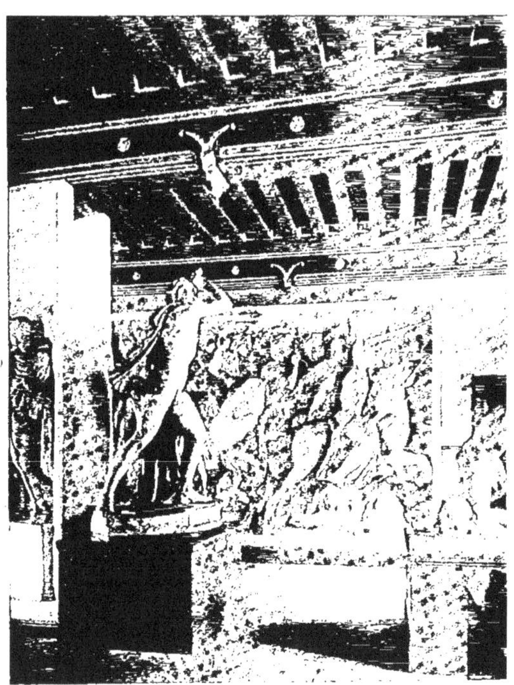

Photo Gruyer.

Bas-relief des *Victoires de Trajan*, de l'Arc de Constantin ; *Gaulois combattant*, statue antique. (Musée du Château.)

le feu à son usage, a connu que certaines pierres se liquéfiaient dans la flamme et que, de cette fusion, naissait une matière nouvelle, à la fois dure et malléable, le métal. C'est l'*Age du bronze et du fer* [1]. Le bronze est, comme on le sait, un alliage

(1) Second Étage, Salle V.

de cuivre et d'étain. Supérieur aux premiers fers, c'est de l'Orient (Phénicie, Inde, Indo-Chine, Asie Centrale ou Caucase), où il fut d'abord, sans doute, le monopole de quelque

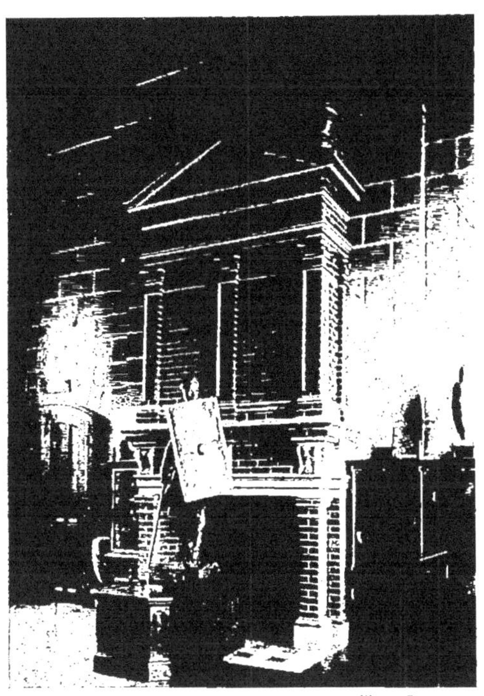

Photo Gruyer.
Salle d'Alésia et Statue polychromée, moderne, d'un *Soldat Romain*, par Bartholdi.
(Musée du Château.)

caste religieuse et commerciale, qu'il semble avoir été importé dans les pays d'Occident, tant par des marchands que par les grandes migrations ethniques. Voici, recouvertes d'une ardente et chaude patine vert-de-grisée, couleur d'émeraude, des Épées courtes ou longues, larges ou effilées, dont plusieurs sont magnifiques et remarquablement intactes. Celles qui sont en fer sont, par contre, toutes dévorées par la rouille rougeâtre. Voici des Haches innombrables, de toutes tailles, des Pointes de lances, des Poignards, des Jambières en spirale, des Mors de chevaux, les Roues et le Timon d'un Char, des

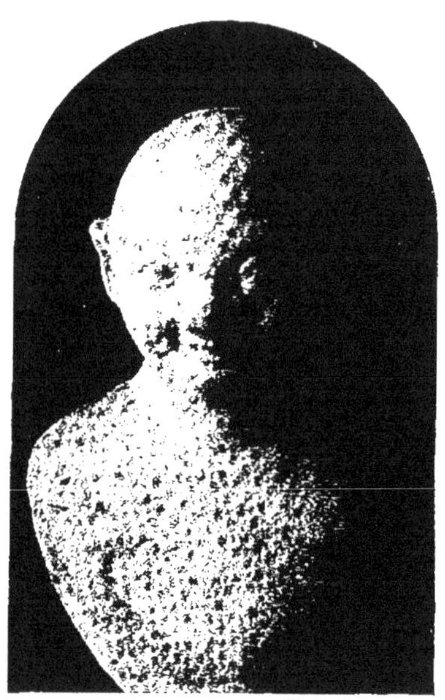

Photo Gruyer.

Terre cuite blanche gallo-romaine :
Buste d'Enfant qui rit, dit *Risus*. (Musée du Château.)

Limes et des Couteaux, des Anneaux, des Hameçons, des Sonnettes, des Marteaux et des Faucilles, des Clous, des Ciseaux, des Épingles, des Pendeloques, des Bagues et des Boutons, et des Bracelets, creux ou pleins, qui ont grand style, et dont quelques-uns sont énormes et splendides. Dans ces divers objets, le plomb, parfois, s'allie au bronze.

Nous arrivons ainsi à l'*Epoque gauloise* proprement dite et à l'ère historique de la Gaule, antérieure à la conquête romaine [1]. Elle commence quatre siècles environ avant Jésus-Christ [2]. Tandis que l'emploi du fer prédomine désormais dans les glaives de combat, l'or splendide apparaît, avec ses tons jaunes, couleur de soleil, dans les « Torques » ou

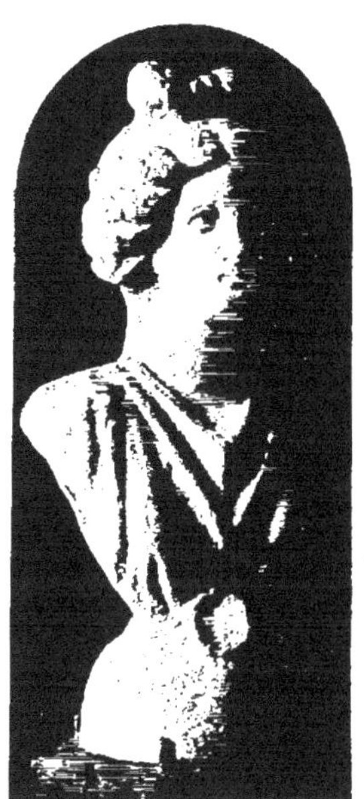

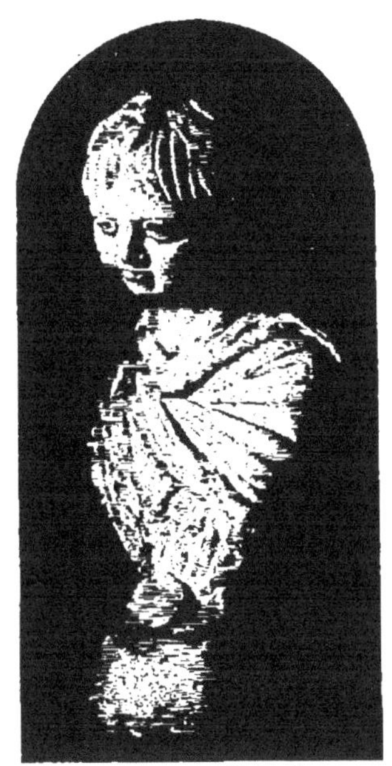

Photos Gruyer.

Terres cuites blanches gallo-romaines :
une Dame gallo-romaine ; une Fillette. (Musée du Château.)

Colliers, d'hommes ou de femmes, dans les Bagues, dans les Bracelets, sur l'un desquels trois têtes d'hommes sont gravées entre quatre béliers couchés, dans des Diadèmes en bandeau, ou cintrés comme des croissants de lune, dans de grands cônes

(1) Second Étage, Salles VI à X.
(2) La prise de Rome par les Gaulois est de 390 avant J.-C.

en or repoussé, avec ornements circulaires, semblables à ces Tiares que les Perses et les Scythes fixaient au sommet de leurs bonnets. Les Casques, avec leurs grands cimiers et leurs garde-joues, qui descendent de chaque côté du visage, mêlent parfois le cuivre, le fer et l'or. Un fin Trépied de fer supporte

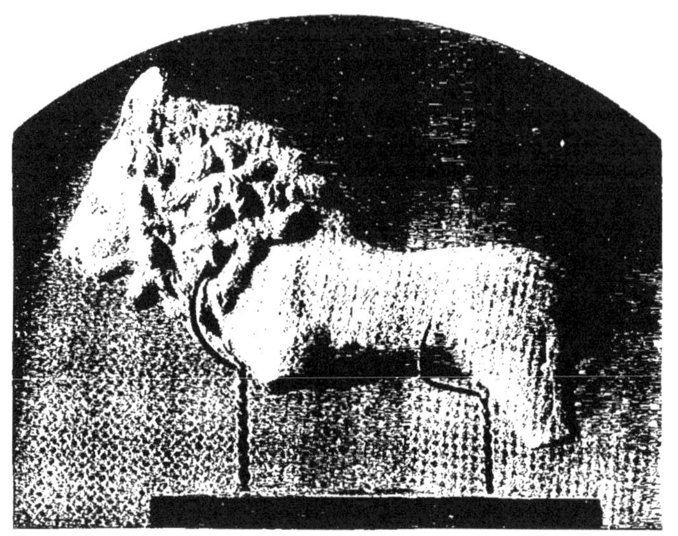

Photo Gruyer.

Terre cuite blanche gallo-romaine, figurant un Lion.
(Musée du Château.)

un grand Bassin de bronze, au galbe élégant, et dont les quatre anses sont formées par des têtes de Griffons. Un grand Vase de bronze est de toute beauté, avec une décoration en relief de lions, de serpents, de palmettes, et une Divinité ailée, portant un oiseau sur son diadème. Les plus remarquables de ces objets n'étaient point fabriqués par nos aïeux, mais provenaient de Grèce ou d'Étrurie, d'où des marchands les leur apportaient, ou qu'ils en rapportaient eux-mêmes, dans le butin de victoire de leurs expéditions. Des poteries assez grossières sont par contre, et sans nul doute, de fabrication gauloise.

Ces divers objets nous ont été livrés par des tombes, tombes en pleine terre et tertres artificiels, ou *Tumuli*, où les morts,

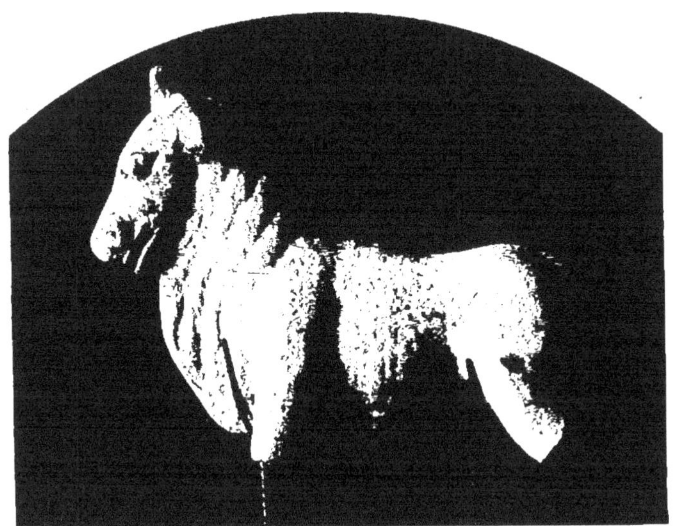

Photo Gruyer.

Terre cuite blanche gallo-romaine, figurant un Taureau.
(Musée du Château.)

principalement les chefs, emportaient avec eux tout ce dont ils avaient joui dans la vie. Une de ces sépultures, provenant de la Gorge-Meillet, à Sommetourbe, dans la Marne, reconstituée telle qu'on l'a découverte, offre un spectacle saisissant. Le chef gaulois qu'elle a reçu, et qui n'est plus qu'un squelette, est couché dans la terre crayeuse, avec son char, dont ne subsistent que les cercles de fer des roues et les essieux de bronze. Il porte au bras gauche un bracelet d'or ; entre ses côtes sont quatre boutons de bronze, avec des restes d'étoffes ; sur ses dents est posée une agrafe ou « fibule » de bronze, à tête d'oiseau. A sa gauche, on voit son épée de fer et des pointes de lances et de javelots, de même métal ; à sa droite, un couteau à monture de fer, à manche d'os et à lame de bronze, des clous et trois vases, dont l'un contenait des ossements de volaille et de porc, et des coquilles d'œufs, petite provision alimentaire pour l'au-delà. Aux pieds du mort, un casque pointu, des anneaux et des disques de fer, un vase de bronze, huit boutons massifs avec des cabochons de corail, deux pendeloques en forme de croix et ornées de coraux, avec les chaînettes qui servaient à les suspendre. Au-dessus du premier squelette, à l'étage supérieur de la sépulture, un second squelette, parallèle, est couché, avec une épée de fer à sa gauche. C'est sans doute le conducteur du char ou le serviteur ordinaire du mort, tué avec lui dans la bataille, ou égorgé sur sa tombe.

Aux âges de la Gaule indépendante succède l'époque de la *Conquête romaine* [1]. Temps cruel, où nos pères virent abattre leur fierté, crouler leur patrie, devant les légions de César. Temps fécond cependant qui, en les initiant à la culture romaine et, à travers celle-ci, à la culture grecque, a fait les Français que nous sommes. La conquête s'effectua de 59 à 50 avant Jésus-Christ. Elle eut pour dernier acte la lutte héroïque et suprême que soutint Vercingétorix, le jeune chef arverne contre César. Celui-ci parvint à le repousser, à la suite d'une dure campagne, sur le Mont Auxois, dans la Côte-d'Or, dont la ville d'Alésia, aujourd'hui Alise-Sainte-Reine, occupait le versant occidental. Il bloqua son ennemi de tous côtés, par de grands travaux de circonvallation et des tranchées,

(1) Premier Étage, Salle XIII.

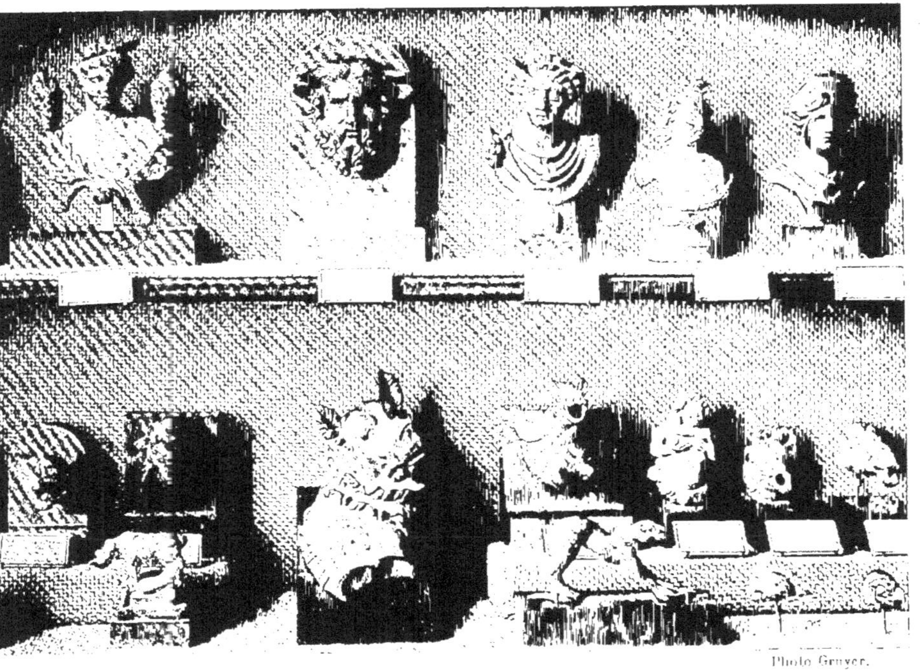

Photo Gruyer.

Petits bronzes gallo-romains.

A la rangée supérieure, admirable Tête de Dieu cornu ; en dessous, Tête de Chien ; à droite, petite Panthère. (Musée du Château.)

exécutés notamment dans la plaine des Laumes, et put ainsi résister tant aux sorties des assiégés qu'aux assauts extérieurs livrés par les armées de secours. Vercingétorix, vaincu par la famine, dut se livrer au Romain qui, sans pitié pour sa vaillance, l'emmena prisonnier, pour orner son triomphe, puis le faire étrangler. Un Plan en relief d'Alésia nous montre ce lieu tragique, les vestiges retrouvés des travaux de César et des murs gaulois d'Alésia. Les fouilles du sol ont livré plusieurs centaines de Monnaies romaines, gauloises et arvernes, dont un statère d'or au nom de Vercingétorix, des Armes diverses et un curieux Seau en bois, cerclé de fer, demeuré à peu près intact.

Une fois conquis, les Gaulois s'assimilèrent à leurs vainqueurs, en esprit et en art, avec une surprenante rapidité. L'*Époque gallo-romaine*, où cette transition morale s'opéra, est pour nous pleine d'intérêt [1]. Elle marque le lien de la tradition antique avec le monde moderne, lien que les invasions barbares, en venant un jour bouleverser le monde, rompirent ensuite durant des siècles, chaîne lointaine que le christianisme à son tour fit tout pour briser, qui ne survécut en partie que dans nos provinces du Midi, et dont nous ne devions renouer les anneaux qu'au delà du moyen âge, à l'époque de la Renaissance. Les Gaulois se firent donc sculpteurs, fondeurs, céramistes, mosaïstes, émailleurs et verriers, s'éduquant aux leçons d'ouvriers émigrés de la Péninsule, ou s'inspirant des divers modèles apportés par les Romains eux-mêmes. Cela non sans gaucherie parfois et en copiant plus ou moins malhabilement leurs modèles. Parfois aussi avec un incontestable talent. Dans les objets de cette époque, que nous a livrés le sol gaulois, il est d'ailleurs fort

(1) Premier Étage, Salles XIV à XVII, et Second Étage, Salle XI.

difficile de reconnaître toujours ce qui est l'œuvre d'artisans autochtones et l'ouvrage de producteurs étrangers. Bien

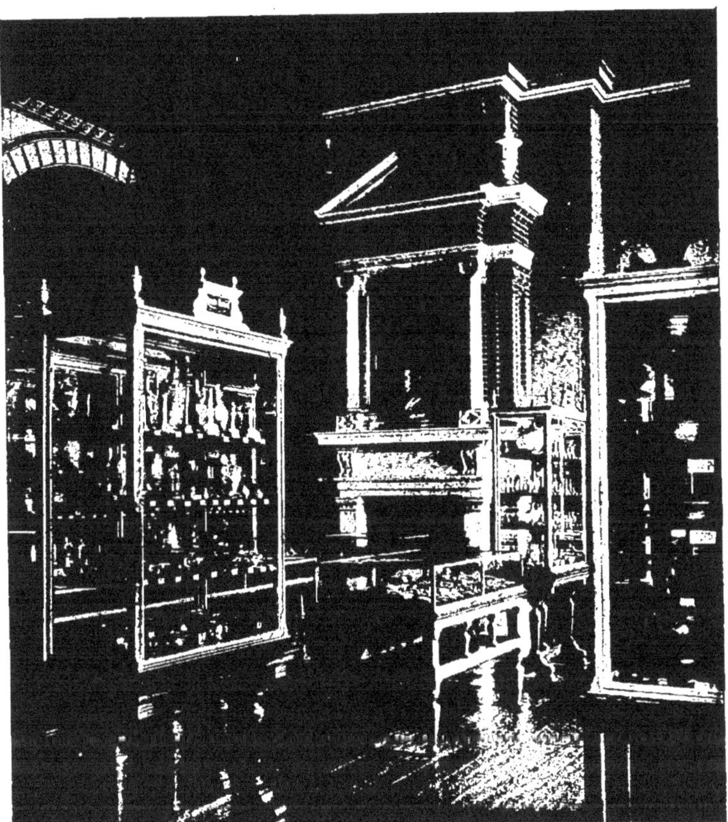

Photo Gruyer.

Salle des Verreries gallo-romaines, dans l'ancien Appartement du Roi. (Musée du Château.)

amusante est la série de ces petites *Terres cuites blanches*, trouvées en quantités innombrables, ex-voto destinés aux autels domestiques ou bibelots servant à orner la maison, et qui figurent des Vénus, des Déesses-Mères allaitant leurs nourrissons, des Mercures barbus, des Cavaliers tenant au bras leur bouclier rond, des Chevaux et des Chars, des Dames élégamment coiffées, des Fillettes aux cheveux ébouriffés, des Garçons qui rient, des Têtes grotesques, et toute une arche de Noë d'animaux, qui vont de la Poule, du Coq, du Faisan et du Pigeon au Taureau, à la Panthère et au Lion d'Afrique. La *Poterie* est représentée par des Tasses, des Bols et des Écuelles pour l'usage courant, par des Coupes et des Vases plus élégants, ornés d'animaux, de guirlandes de feuilles ou de fleurs, ou d'inscriptions (« Vivent les Rémois! » « Viens à moi, mon amie ! »), et par d'énormes Amphores, faites en cette terre rouge qu'utilisaient encore, il y a quelques années, certaines fabriques de poterie de la Sarthe et de la Touraine. Les *Bronzes d'Art,* à la belle patine verte, sont nombreux et de types divers. Les uns, bien observés, mais d'allure synthétique et naïve, et figurant des animaux, Cerf, Cochon, Cheval, Sanglier, appartiennent en propre à l'art gaulois. D'autres, Vases, parfois incrustés d'argent, Bustes, Masques, Figurines et Statuettes d'hommes, de femmes ou de Divinités de l'Olympe gréco-romain, ont toute la fine et savante beauté des plus purs ouvrages de l'Antiquité classique. Ceux-là, sans nul doute, ont été importés en majeure partie, ou fondus, parfois avec des modifications légères, sur des modèles importés. Mais il est un art où les Gallo-Romains ont excellé sans conteste : c'est celui de la *Verrerie,* que les Gaulois pratiquaient déjà avant l'invasion et où ils se sont perfectionnés à un degré qui, aujourd'hui encore, fait notre admiration. Le regard s'arrête, charmé, devant ces Vases élégants, de toutes dimensions et de toutes formes, à long col ou à gros ventre, effilés ou pansus, carrés, sphériques ou ovoïdes, Fioles, Urnes, Coupes, Soucoupes, Tasses, Gobelets,

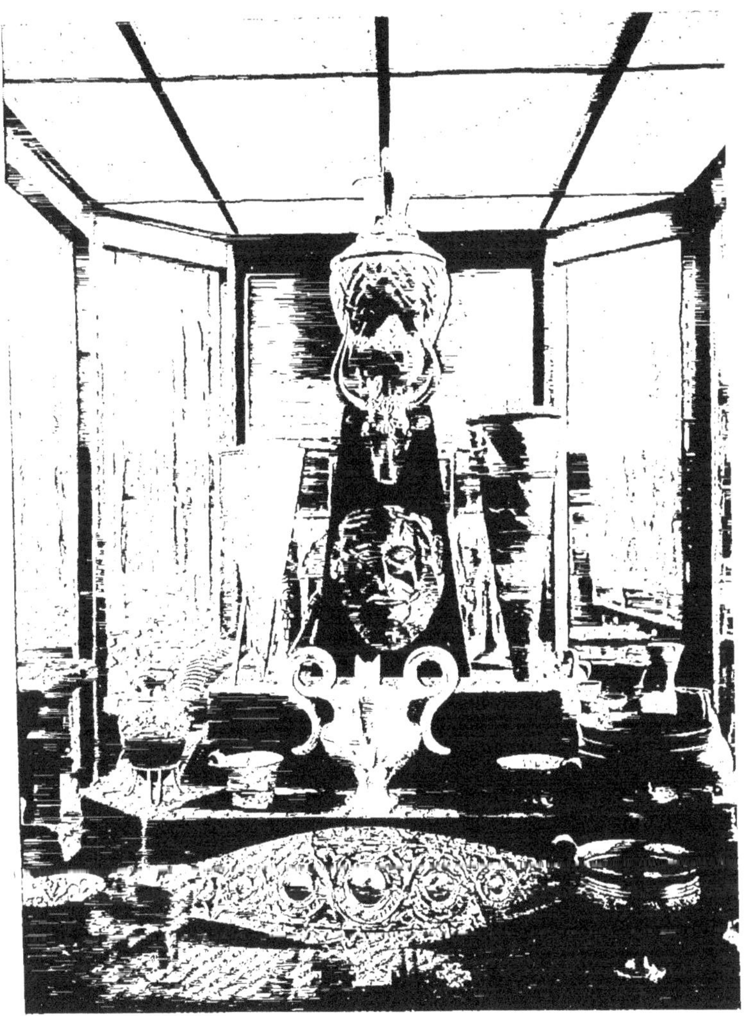

Photo Gruyer.

Antiquités de Mycènes et de Crète.

Vases, Coupes, Masque d'or, Tête de Vache en argent (reproductions).
(Musée du Château.)

Flacons à parfums, Carafes et Barillets aux tons chatoyants. Les uns sont de couleur vert de mer, et semblent avoir enfermé en eux toute la glauque et vivante transparence des vagues. D'autres sont irisés des vives couleurs de l'arc-en-ciel, avec des reflets argentés, phénomène chimique provenant de leur long séjour dans le sol. D'autres encore ont reçu du verrier des teintes jaunes ou orangées, des tons bleus, couleur d'azur, des tons mauves, couleur d'améthyste, ou, dans la même pièce, tous ces tons réunis, en spirales, en bandes, ou par l'application de cabochons. Nous n'avons, depuis, rien produit de mieux.

De curieux moulages de Pierres tumulaires ou votives, et d'Enseignes de boutiques, nous montrent ce qu'étaient le costume, les mœurs, les métiers et les usages de la vie courante des Gallo-Romains [1]. Voici un Cabaretier ; une Boutique de Pharmacien, avec des fourneaux et des alambics, et une femme triturant quelque préparation dans un mortier ; un Foulon et tondeur de drap ; un Peaussier, avec un étau et un maillet ; un Tonnelier ; un Marchand de Capuchons ; un Maçon et tailleur de pierre, tenant une truelle et un ciseau ; un Attelage de mules tirant un Chariot, sur lequel est un tonneau ; des Peintres en bâtiment, debout sur leur échafaudage ; un Oiseleur ; un Chasseur ; un Musicien ; un Ciseleur ; le Forgeron *Bellicus*, avec ses cheveux tressés comme ceux d'un Chinois, tenant d'une main un marteau, de l'autre une barre de fer qu'il appuie sur une enclume ; un Marchand de Pommes, avec un panier de Pommes qu'il tient, et pour enseigne : « *Mala ! mulieres, mulieres meæ !* (Des pommes ! mesdames, mes bonnes dames !) » Mieux encore, voici une

(1) Entresol, Salles XXV et XXVI.
(2) Premier Étage, Salle XVI.

Trousse complète d'Oculiste, trouvée à Reims : de petits crochets de bronze, des pinces, des lamelles en forme de lancettes, des fragments de collyres en pâte, portant l'empreinte de cachets, où étaient inscrits, selon un usage médical courant, le nom du praticien, la nature du remède et le genre de mal qu'il était destiné à guérir Et, devant cette évocation d'une existence qui déjà, par tant de points, se rapprochait de la nôtre, on songe avec effroi à l'épouvantable chaos qui succéda à la « paix romaine », au gouffre où croula cette civilisation.

Cette civilisation romaine, qui eut ses faiblesses et sa grandeur, et dont nous sommes les fils, une dernière et importante série de moulages nous l'évoque [1]. Les bas-reliefs de l'*Arc de Constantin* à Rome, élevé en 315 après Jésus-Christ, et qui proviennent eux-mêmes d'un ancien Arc de Trajan, antérieur de deux siècles, auquel ils furent empruntés sans vergogne, pour glorifier un empereur nouveau ; ceux de la *Colonne Trajane*, un des chefs-d'œuvre de l'art romain, avec ses deux à trois mille figures sculptées en spirale ; ceux de l'*Arc d'Orange*, en Gaule, dont l'époque est incertaine, contemporaine de Tibère sans doute, nous montrent, avec une surprenante puissance et une précision de détails précieuse, ces légions romaines qui conquirent la Gaule et le monde antique, en même temps que les peuples barbares vaincus par elles. Nous voyons, haranguant ses cohortes, Trajan vainqueur des Daces (anciens habitants de la Roumanie actuelle), qui sont défaits par la cavalerie romaine et culbutés dans une rivière ; Trajan interrogeant les prisonniers ennemis et faisant distribuer des vivres à la population ; Trajan offrant en sacrifice un bélier, un porc et un taureau ; Trajan sacrifiant à Mars, à

(1) Rez-de-Chaussée, Salles S, R, A, B, C, et Salle à droite du Vestibule d'entrée.

Apollon, à Diane et au dieu Silvain; Trajan rentrant à Rome, précédé de Rome personnifiée, de la Clémence et de l'Abondance du blé (mais sa tête a dû ici céder la place à celle de l'effronté Constantin). Sur l'Arc d'Orange, nous retrouvons nos ancêtres gaulois, avec leurs casques à cornes, leurs grands boucliers oblongs, leurs trompettes, leurs selles, semblables à celles des Arabes actuels, et le Sanglier-enseigne, porté en tête des troupes. Contre les légionnaires romains, si formidablement armés, à la fois pesants et souples dans leur armure de fer, nos pères se battaient tout nus, avec seulement une sorte de plaid sur l'épaule. Et tant de jeunesse héroïque qui, au début de la dernière guerre, se fit si follement faucher, en gants blancs, par les mitrailleuses allemandes, est bien de la descendance, imprudemment généreuse, de ces braves. Des modèles reconstitués de *Machines de guerre romaines* nous prouvent combien l'art militaire était perfectionné dans l'ancienne Rome. Des Balistes lançaient déjà des boulets de pierre contre les défenses d'Alésia, où quelques-uns d'entre eux ont été retrouvés dans les tranchées.

Dans la Chapelle, raccrochant le passé à l'origine des temps modernes, des *Sarcophages* d'Arles, en moulages, perpétuent, aux premiers siècles de la France chrétienne, la tradition antique, tandis qu'un autre Sarcophage du VIIe siècle, de style barbare, où sont dessinés en creux diverses figures géométriques, un homme entre deux lions, et deux griffons de chaque côté d'un jet d'eau, nous refoule, comme type d'art, à l'art de l'homme des Cavernes.

Une salle enfin, dite *Salle de Comparaison*, installée dans l'ancienne Salle des Fêtes, nous expose des objets découverts hors de la Gaule, mais qu'il est intéressant de mettre en parallèle avec ceux qui proviennent de notre pays. D'autres aussi, fabriqués par des peuplades sauvages ou à demi civi-

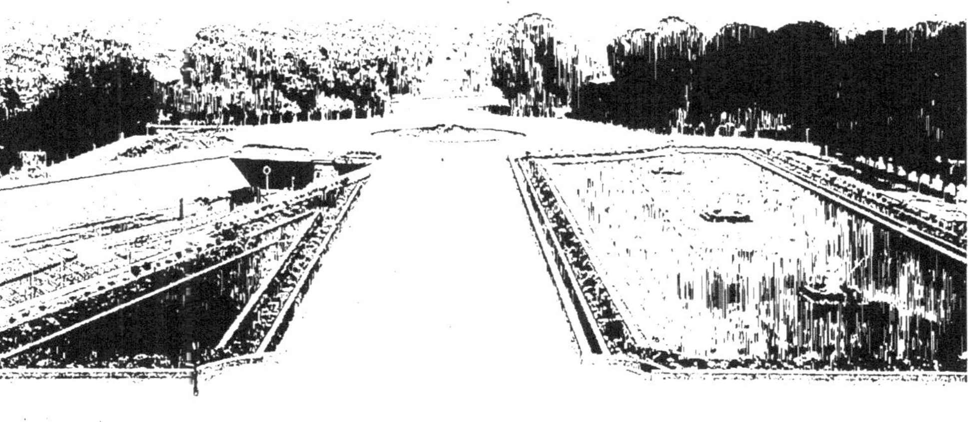

Photo N. D.

Les Parterres et la perspective de l'Allée des Loges.
vus de la Loggia du Château.

lisées des temps modernes, curieux à rapprocher de ceux que nous ont légués les peuples préhistoriques.

Tel est le Musée de Saint-Germain. L'intérêt que présentent ses abondantes collections, nous avons tenté de le montrer, n'est pas seulement technique et de pure science archéologique, mais considérable au point de vue de l'art. Cela, les artistes, il faut le dire et le redire, l'ignorent trop.

Quant aux visiteurs ordinaires, leur tournée terminée, plus ou moins longue, plus ou moins attentive, selon leur degré de culture intellectuelle, neuf sur dix demandent infailliblement aux gardiens : « Mais, où sont les meubles ? où sont les tableaux ? » Et, précisant sa pensée, une jeune femme que je regardais un jour traverser les salles en tourbillon, s'adressant à moi pour me poser la même question, ajoutait : « Il n'y a rien ici qui parle au cœur ! » Sans doute était-elle trop dédaigneuse de ce qu'elle avait devant les yeux et qu'elle eût pu aussi admirer et comprendre. Mais, dans son idée, ce qui l'eût intéressée, ce sont les souvenirs propres des lieux où elle se trouvait. L'esprit public est simpliste. Dans un édifice de la Renaissance, habité par François Ier et, par surcroît, par Louis XIV, il s'étonne de trouver domiciliés des hommes primitifs, des Druides et des mégalithes, Vercingétorix et les Romains. Ce point de vue fort juste, qui est le point de vue actuel, de donner aux monuments du passé un aménagement en rapport avec leur destination première, n'était pas aussi nettement formulé en 1862. Le Château de Saint-Germain, d'autre part, avait subi de tels avatars, ses appartements avaient servi à tant de fins, qu'il ne semblait pas autrement illogique d'attribuer à une affectation, fort intéressante en soi, tant de place qu'il laissait libre. Ceci dit, on ne saurait, toutefois, trop regretter qu'un certain nombre de salles n'aient pas été réservées aux souvenirs de Saint-Germain,

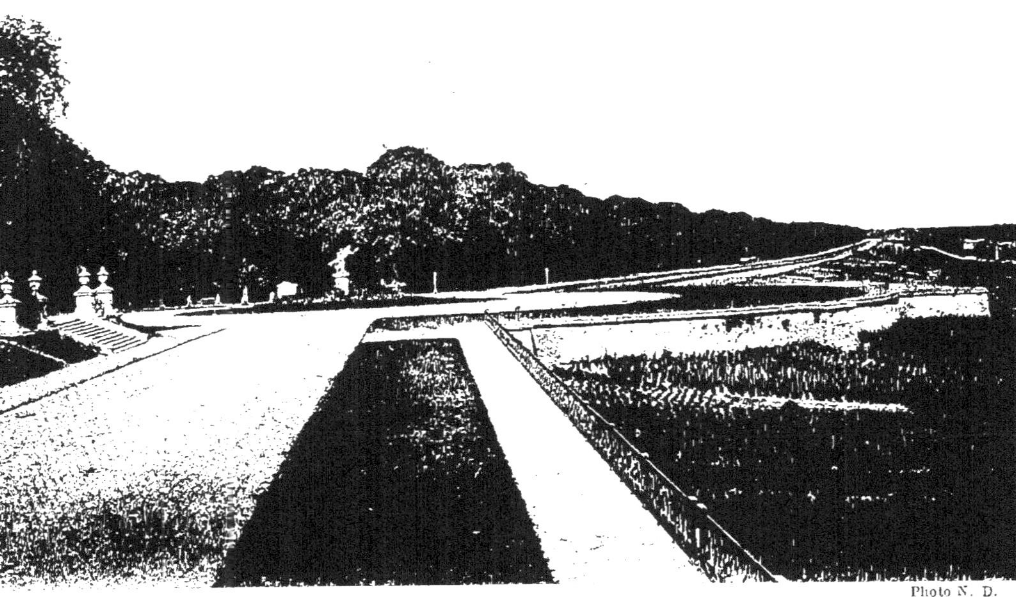

Photo N. D.

La Grande Terrasse.

qui sont ceux de presque toute la royauté française, à l'évocation des personnages qui y ont vécu. Là est la faute, indiscutable. Une salle même, à la rigueur, une seule eût suffi : cette magnifique Salle des Fêtes, de si grande allure, où Cormon, en guise de Nymphes et de Vénus, a peint l'*Age de Pierre*, et où des idoles océaniennes écarquillent leurs grosses lèvres sanguinolentes sous des nez en pied de marmite, en compagnie de tambours et de casse-tête. Les objets exposés sont, nous n'en disconvenons pas, intéressants. Mais, franchement, c'est autre chose que nous aimerions voir ici. Et cette chose manque au Château de Saint-Germain.

Longeant la Face Nord du Château, on passe devant les Parterres, jadis « Parterres de Broderie », aux riches arabesques, avec un grand Bassin rond à leur centre, encadré de deux autres plus petits, décor dont les estampes anciennes nous montrent avec précision le dessin. Le Nôtre les remania et redessina en partie, en des lignes plus droites et moins tourmentées. Ceux que nous voyons aujourd'hui, rétrécis par la gare de Saint-Germain et sa tranchée, ont été tracés par Millet, et les fleurs y sont encagées, comme des bêtes féroces, derrière d'énormes grillages [1]. Une esplanade sablée les sépare du Château. Elle est ornée d'une jolie statue de marbre blanc, moderne, *l'Amour et la Folie*, par Darbefeuille.

A l'extrémité du Château, en retour d'angle des Parterres, au bout d'une petite pelouse, s'élève un moulage de la char-

(1) On retrouve encore à Paris, dans les Jardins des Tuileries et du Luxembourg, de ces encagements floraux derrière de grosses grilles, datant de Louis-Philippe et du Second Empire, et que la routine a laissé subsister.

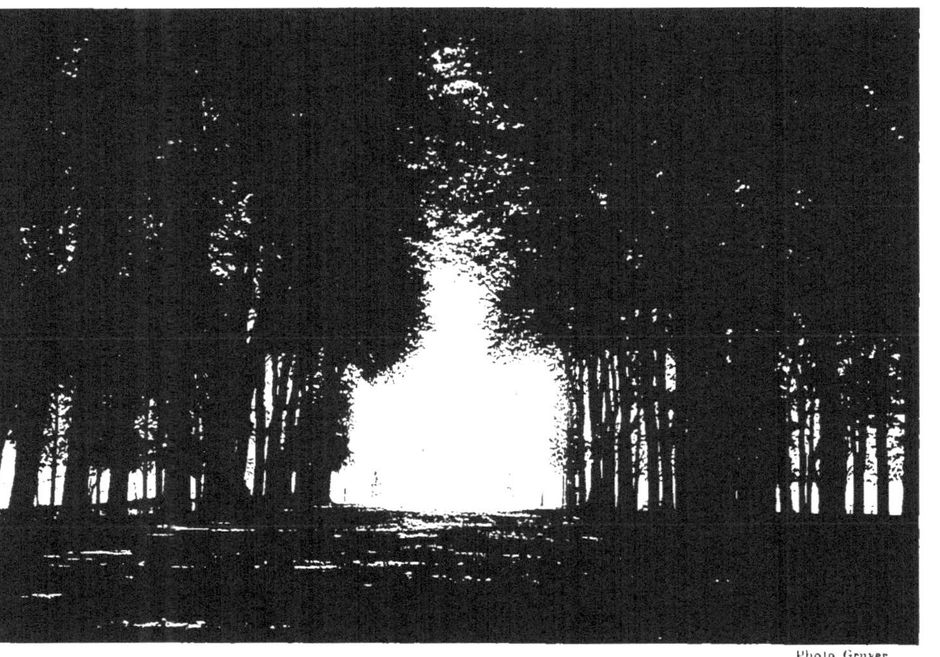

Photo Gruyer.

Le Parc : Allée Louis XIV.

mante *Colonne de Néron*, érigée vers 55 après Jésus-Christ, près du camp romain de Mayence, et retrouvée en 1905, en deux mille fragments. C'est un des monuments les plus parfaits et les plus délicats de l'art gallo-romain. Un socle quadrangulaire, avec bas-reliefs figurant les principales Divinités de l'Olympe, supporte le fût cylindrique de la colonne. Celle-ci est divisée, par des cercles concentriques, en cinq parties, ornées pareillement de bas-reliefs mythologiques, et dont la hauteur décroît progressivement en allant vers le sommet. Un chapiteau corinthien et une statuette dorée de Jupiter couronnent le tout. La composition architecturale et l'équilibre décoratif de ce petit édifice sont en tous points exquis. Deux artistes l'ont signé : ... *samus* (ce nom incomplet) et *Severus, fils de Venicarus*. — C'est à cet endroit que se déroula, le dimanche 10 juillet 1547, le duel judiciaire qui mettait aux prises, pour une vague affaire d'honneur, François de Vivonne de la Châtaigneraie, l' « assaillant », avec Guy Chabot de Montlieu, seigneur de Jarnac, l' « assailli ». D'une tribune adossée aux fossés du Château, Henri II et toute sa cour, quantité de dames brillamment parées et plusieurs ambassadeurs, étaient spectateurs de ce sauvage combat. Au son des trompettes et des tambourins, les deux adversaires pénétrèrent dans le champ clos et prirent position, l'un en face de l'autre, La Châtaigneraie du côté de la Rue Thiers actuelle, Jarnac du côté du Parc. Le signal donné, et défense faite aux assistants « de parler, tousser, ni cracher », ils se ruèrent furieusement l'un contre l'autre, armés chacun d'une épée et de deux dagues, protégés d'un morion, d'un bouclier d'acier, d'une casaque et de manches de mailles, et gantelés de fer. Au cours de la lutte, Jarnac réussit à atteindre, de deux coups répétés, le jarret de La Châtaigneraie, qui s'abattit sur le sol, impuissant désormais. Le vainqueur offrit au

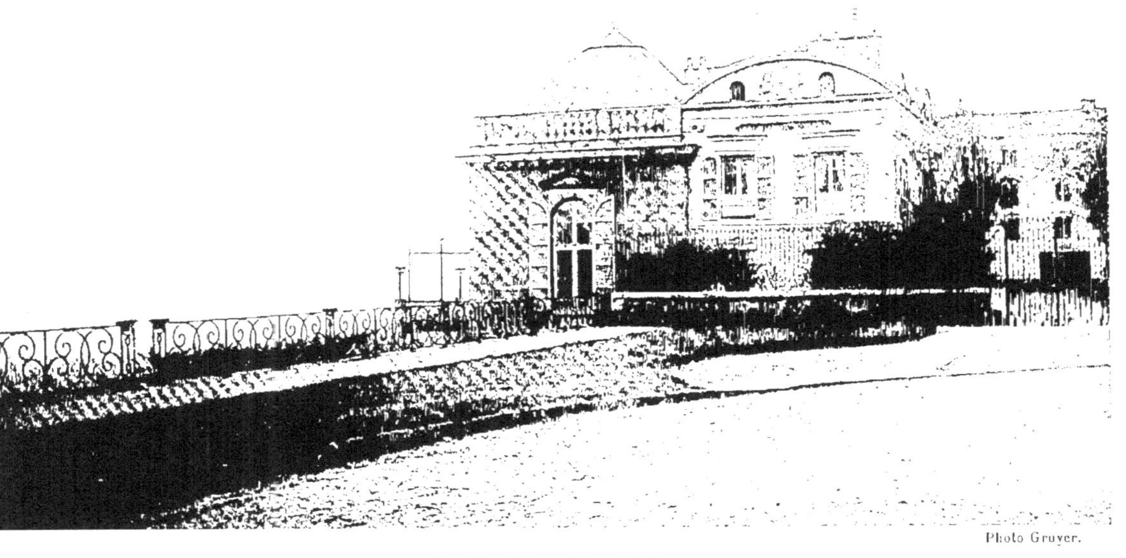

Photo Gruyer.

Le Pavillon Henri IV.

vaincu de redevenir amis et demanda au Roi qu'il lui permît de ne pas l'achever. Mais Henri II demeurait muet. Il se décida finalement à ordonner qu'on emportât le blessé. Jarnac s'en retourna « plein d'honneur et de réputation », sans que nul ne songeât à lui faire grief d'un coup habile, devenu depuis synonyme de traîtrise, mais que permettaient alors les lois du combat. Quant à La Châtaigneraie, exaspéré de rage, il refusa tous soins pour sa blessure et mourut trois ou quatre jours après. Il s'était cru tellement certain de la victoire qu'il s'était fait préparer sous sa tente, pour lui et ses amis, un splendide festin. La rencontre terminée, le peuple, ayant envahi le champ clos, pilla la table et s'en reput. Ce fut la moralité de l'aventure.

On dépasse ensuite le Parc, avec ses quinconces à la française et ses majestueuses allées de marronniers taillés, et l'on arrive au bord du coteau, planté de vignes et de vergers, qui domine la Seine. Vers la gauche, on voit se développer la longue ligne droite de la GRANDE TERRASSE, que traça Le Nôtre, de 1669 à 1673, avec la même ampleur de conception qu'il mit dans ses ouvrages de Versailles [1]. Bordée du côté du fleuve par un mur de soutènement, à margelle de pierre, qui porte une belle Balustrade de fer forgé, mise en place de nos jours, en 1855, la Grande Terrasse s'adosse en arrière au Parc, puis à la Forêt de Saint-Germain, appuyée à un imposant rideau de tilleuls, qui ont été plantés en 1745. Elle est longue de deux mille quatre cents mètres, sur trente de large, et le panorama qui s'y déploie devant le regard, harmonieux sous un vaste ciel, et lumineux infiniment, est un des

(1) La dépense s'éleva à 851.650 livres, 9 sols, 6 deniers (3.406.600 francs environ), dont 558.561 livres pour la maçonnerie du mur, qui fut exécutée par les entrepreneurs De la Rue et Abry. Il y eut quelques retouches de 1674 à 1676.

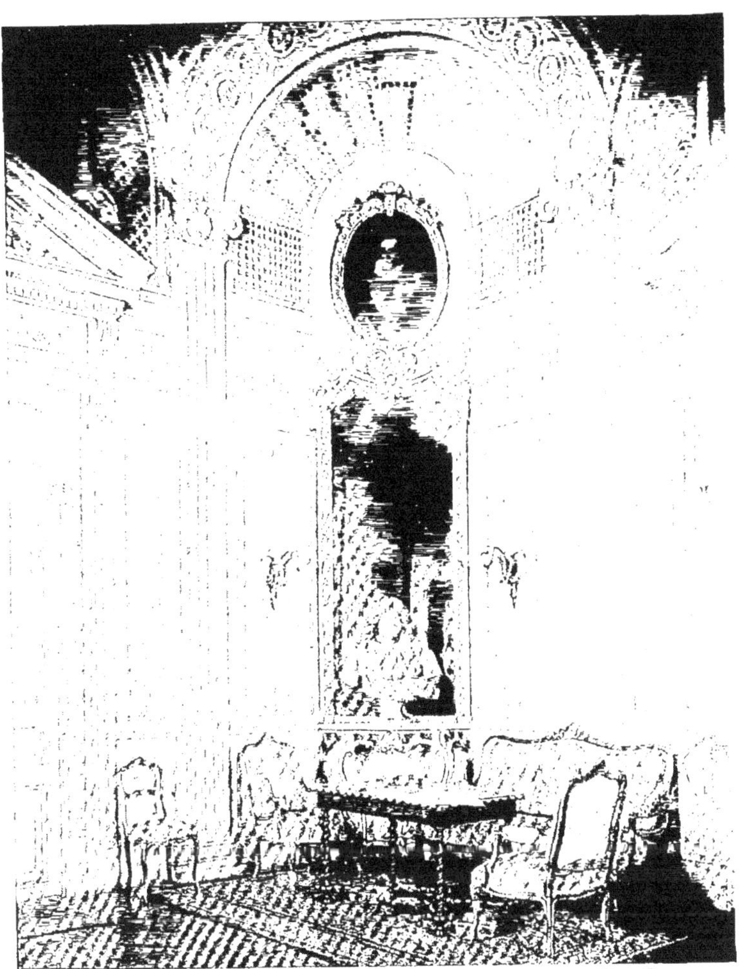

Photo Gruyer.

Le Salon du Pavillon Henri IV,
ancien Oratoire du Château Neuf, où fut ondoyé Louis XIV.

plus célèbres de l'Europe. Il s'encadre, à droite, des vertes hauteurs boisées de Marly et de Louveciennes, dominées par l'Aqueduc construit sous Louis XIV pour amener à Versailles les eaux de la Seine, et qui semble, avec sa fière silhouette, avec ses pierres dorées par le soleil, une de ces ruines romaines dont Hubert Robert se plaisait à orner ses paysages. Le Mont Valérien dessine en face de nous son souple profil et sa colline, jadis surmontée d'une croix, et qui cache Paris, dont la présence ne se trahit, hélas ! que par un tronçon de la maudite Tour Eiffel. Plus encore, en effet, qu'elle ne dépare la capitale, où la hauteur des maisons en cache presque partout la vue, cette hideuse ferraille, d'où tout art est absent, dont les dimensions ne correspondent en rien à celles des monuments ambiants et à l'échelle de la nature d'où elle surgit, est une désolation pour tous les sites de la banlieue qui s'orientent vers elle [1]. A gauche du Mont Valérien, apparaissent dans le lointain Montmartre et le trop blanc Sacré-Cœur, qui appelle la patine du temps, puis la Plaine et, par temps clair, les Tours de Saint-Denis. Les hauteurs de Montmorency, de Sannois et de Cormeilles reviennent fermer le panorama, de ce même côté, comme celles de Marly le closent à droite. Immédiatement en dessous de soi, de l'autre côté de la Seine où, pour la promenade de la Cour, Louis XIV fit flotter, en 1668, une grande Galère dorée, on voit s'étaler le Bois du Vésinet, longtemps repaire de brigands et de voleurs, percé sous Henri IV de

(1) Il y aurait aussi fort à dire sur les premiers plans qui, à l'amorce de la Terrasse, choquent actuellement les yeux des spectateurs. Le Cimetière du Pecq (le compositeur Félicien David, mort en 1876, y est enseveli) exhibe sans pudeur la nudité de ses tombes, que pas un feuillage ne voile. Un peu plus bas, au bord de la Seine, une usine à gaz allonge ses noirs tuyaux et ses constructions noires de suie. Comment un simple rideau d'arbres ne masque-t-il pas ces premiers plans désobligeants ?

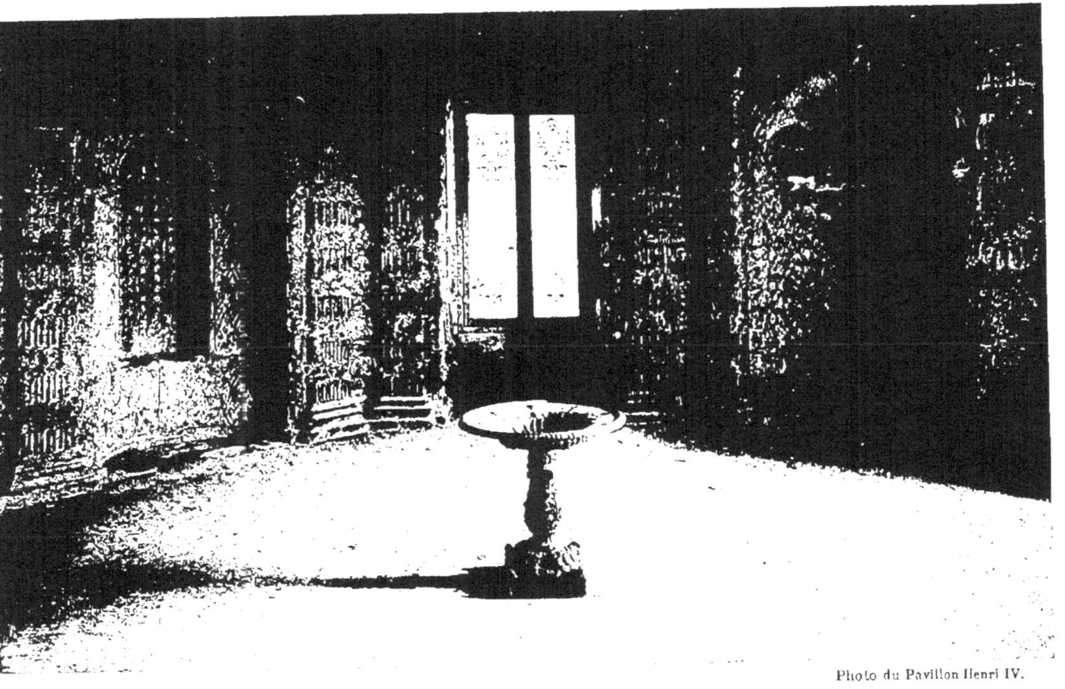

Photo du Pavillon Henri IV.

La Grotte du Pavillon Henri IV,
située au-dessous du Salon.

larges avenues, et que traverse en ligne droite la route de Saint-Germain à Paris, par Chatou et Nanterre. Dans ce bois assagi, aujourd'hui découpé en jardins et bâti de villas, se trouvait, s'il faut en croire la tradition, une table de granit sur laquelle Ganelon de Hauteville et les autres conjurés signèrent le pacte sanglant qui vouait à la mort le paladin Roland et les douze pairs du Royaume. Après Roncevaux, Charlemagne aurait livré les coupables au bûcher, sous ces mêmes chênes qui les virent ourdir leur crime. La table, appelée la Table de la Trahison, a disparu depuis longtemps. Mais un carrefour du bois portait encore ce même nom de Carrefour de la Trahison, il y a seulement une quarantaine d'années.

Au point où commence la Terrasse, le petit *Pavillon Henri IV*, en pierre et brique, à toiture en dôme, est, avec quelques arcades empâtées dans une maison de la Rue des Arcades, qui est voisine, une dernière survivance du Château Neuf, dont nous avons conté le malheureux sort. Le Pavillon actuel se trouvait à l'une des extrémités du Château, qui se développait vers la droite, en bordure du coteau, et se terminait par un autre pavillon semblable. Il abritait l'Oratoire d'Anne d'Autriche, où fut ondoyé Louis XIV, le jour de sa naissance. La pièce a été conservée, avec son haut plafond à coupole, ses boiseries des portes et son beau parquet en marqueterie. Elle est de forme octogonale et des pilastres cannelés sont appliqués le long des murs. Elle a été décorée de quatre médaillons, représentant Henri IV, Marie de Médicis, Louis XIII et Anne d'Autriche, et, au plafond, d'une peinture allégorique, *la Gloire de Louis XIV*, par Tournier. A l'un des murs est accrochée une pancarte où on lit : « Dans ce Salon, le 10 septembre 1919, M. Clemenceau, président de la Conférence de la Paix, a remis au nom des Nations Alliées,

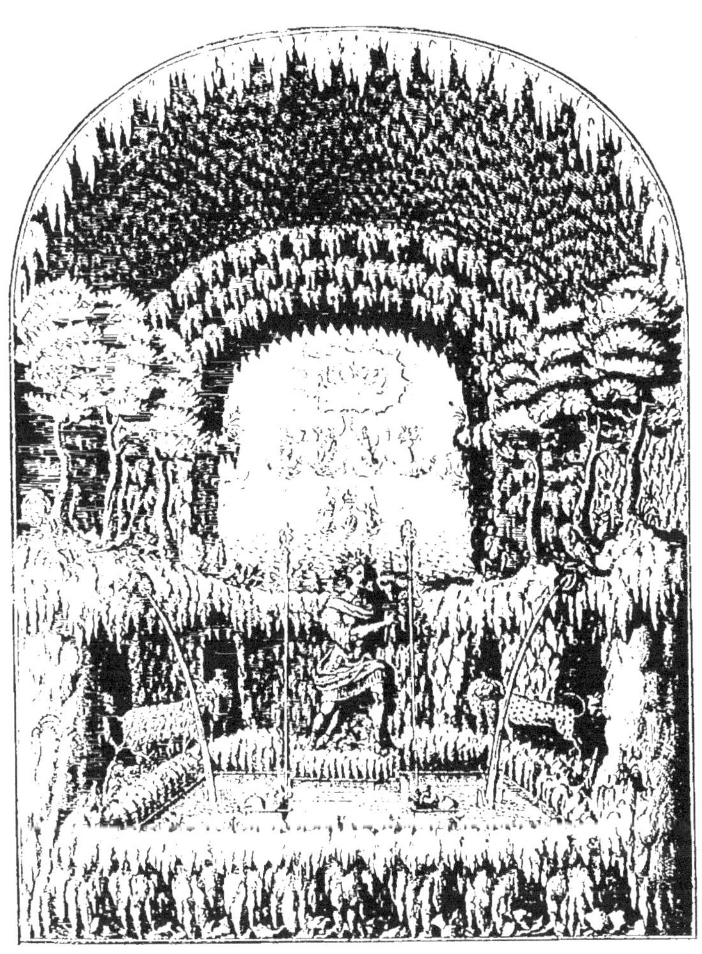

Ancienne Grotte d'Orphée, au Château Neuf.
(*Estampe d'Abraham Bosse.*)

le Traité de Paix à M. Renner, président plénipotentiaire de la République d'Autriche [1]. »

En dessous de ce Salon, a subsisté une petite grotte, dite à tort Grotte d'Orphée (celle-ci était située à une autre place et beaucoup plus considérable), la seule qui ait survécu des célèbres « Grottes Mythologiques » du Château Neuf, peuplées d' « androïdes » ou statues mouvantes, et qui se blottissaient mystérieusement, aux flancs de la colline, sous les grandes arcades des terrasses.

L'obscur problème de la vie, de la vie physique comme de la vie de l'âme, avait déjà tourmenté l'Antiquité, et l'homme, s'efforçant d'en reproduire le mécanisme, avait créé les automates. Dans son bouillonnement de vie et d'idées, la Renaissance ne manqua pas d'appliquer l'automatisme aux statues et, se passionnant pour ces jeux de la science naissante, conçut la pensée de les accoupler avec l'art. C'est de ce principe que procéda la décoration animée des Grottes de Saint-Germain. Matériellement, rien de ces conceptions étranges n'a subsisté. Mais par les descriptions contemporaines, illustrées de quelques rares et précieuses estampes d'Abraham Bosse, nous savons avec précision ce qu'elles étaient. Placées, nous l'avons dit, sous les arcades de soutènement du Château, les Grottes étaient revêtues d'un décor d'une infinie variété : mosaïques de marbre blanc et noir, ou de pierres de couleur, chef-d'œuvre de travail patient et d'harmonie, qui recouvraient le sol, les murs et

(1) Le Pavillon Henri IV est occupé aujourd'hui, ainsi que les constructions attenantes, par un hôtel qui s'ouvrit en 1836 et devint bientôt célèbre. Il abrita nombre de célébrités de la littérature, des arts et de la politique. Alexandre Dumas y a écrit les *Mousquetaires* et *Monte Cristo;* Offenbach, dont l'hôtel possède un buste, par Franceschi, y a composé plusieurs de ses opérettes. Thiers y est mort, le 3 septembre 1877. Le Pavillon et la Grotte sont classés comme monuments historiques, et l'on peut, en s'adressant à l'hôtel, demander à les visiter.

la voûte ; stalactites ou « glaçons », de pierre ou de marbre ; rocailles artificielles, agencées avec art, et qui s'entremêlaient de coquilles marines, aux couleurs ardentes, de coraux rosés ou pourprés, et de nacres chatoyantes ; gracieuses architectures de colonnes et de pilastres, de frontons et de rinceaux, d'urnes et de fleurs sculptées ; bas-reliefs figurant de longues et sveltes Nymphes, drapées à l'antique ou demi nues. Pour chaque grotte le décor différait et pas une ne ressemblait à l'autre.

Les automates étaient placés dans le fond de la grotte, et c'était l'eau qui les mettait en mouvement. Dans la *Grotte de Neptune*, on voyait s'avancer sur son char le Dieu des Mers. C'était une haute statue, entièrement nue, nerveuse et musclée, qui, de son bras droit qu'elle levait, agitait un trident. Dans sa main gauche, elle tenait les guides des chevaux marins qui tiraient le char ; celui-ci était formé d'une vaste conque, et ses roues étaient faites de rames et d'avirons. Tout alentour se jouaient de petits animaux marins, recouverts d'écailles : à droite et à gauche, deux gros Tritons embouchaient, nous conte l'historien André Du Chesne, « leurs conques tortillées », d'où sortait un long mugissement. L'eau, en même temps, fusait et ruisselait de toutes parts. Dans le mur de gauche de la grotte, un motif accessoire représentait, de taille minuscule, des Forgerons, « la face noire de crasse et de suie, lesquels battent du fer sur une enclume, à grands coups de marteau ». Dans le mur de droite, une Couronne Royale jetait de l'eau par tous ses fleurons. La *Grotte d'Orphée* nous montrait l'époux d'Eurydice, costumé en César romain, une vaste chevelure se hérissant sur sa tête, et qui, de sa main gauche, tenait une viole. Sous l'action de l'eau, les doigts d'Orphée s'animaient soudain et, promenant l'archet sur les cordes de la viole, en tiraient des sons si harmonieux, un chant si divin, que les arbres figurés dans la grotte se mettaient alors à se mouvoir et venaient s'incliner devant lui. Des animaux accouraient aussi et l'entouraient en dansant. Parmi ceux-ci, on distingue, sur l'estampe d'Abraham Bosse, un bouc, un léopard et divers oiseaux. « Cet ouvrage est si riche et si précieux, lisons-nous dans l'*Espion Turc* [1], qu'un des inspecteurs des jets d'eau m'a dit qu'une corde de la viole s'étant rompue, il en avait coûté 300 écus [dans les 9 à 10.000 francs de notre monnaie] pour la faire raccommoder. » Dans la *Grotte du Dragon*, le motif principal se composait d'un Dragon articulé, aux ailes acérées, à la croupe tortueuse, frère de celui que Racine fera sortir des flots devant le char d'Hippolyte, et qui dominait une vasque. La *Grotte de la Damoiselle qui joue de l'Orgue*, ou *Grotte des Orgues*, avait cela de particulier que la mythologie y faisait place à un personnage plus réel, une « Damoiselle » en costume de l'époque, avec ses vastes jupes bouffantes, son corsage serré à la taille et sa large collerette de dentelle. On la voyait de dos, assise devant le clavier d'un grand orgue, qui se mettait à résonner lorsqu'elle appuyait ses doigts sur les touches. L'orgue était un orgue hydraulique, qui reproduisait dans ses modulations tous les chants d'oiseaux de la création, avec leurs mille variétés et leur joyeux gazouillis Il y avait aussi une *Grotte de Persée et d'Andromède*, où Persée, vainqueur du Dragon, le forçait à plonger dans les ondes, puis prenait son vol vers Andromède. Sur d'autres Grottes, nous manquons de renseignements précis.

Le spectacle se terminait par un amusement familier à l'époque (on le retrouvait encore à Versailles, dans l'an-

(1) Ce curieux petit volume fut publié en 1644, l'année qui suivit la mort de Louis XIII. Les Grottes, à cette époque, étaient donc encore bien entretenues.

cienne Grotte de Téthys, disparue aujourd'hui) et qui était

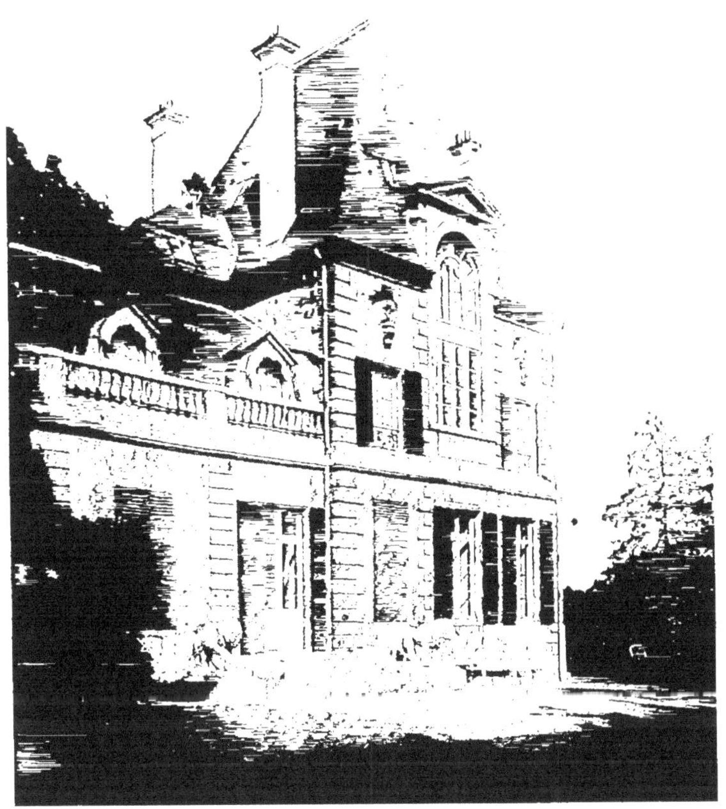

Photo Gruyer.

Pavillon dit de Sully,
reste des anciennes constructions du Château Neuf.

une mouillade générale des assistants. Du sol, des parois, du plafond de la grotte, l'eau se mettait à fuser furieusement :

tout le monde était inondé et se sauvait. Alors l'eau s'arrêtait, les chants mystérieux se taisaient et les statues redevenaient immobiles. Le petit Louis XIII, ayant été ainsi mouillé par Henri IV, ne prétendait plus, nous raconte le médecin Héroard, entrer dans les grottes. Il fallait, pour l'y attirer, lui tendre des pois sucrés ; encore exigeait-il de tenir dans sa main les clefs des robinets. Plus tard, il s'enhardit, et ce fut lui qui mouilla son père. Lorsqu'il épousa l'Infante d'Espagne, il mouilla tous les Espagnols de la suite de la princesse.

Il nous est difficile d'apprécier exactement ce qu'étaient les Grottes de Saint-Germain. Mais ce serait une grave erreur de penser, comme l'ont fait certains auteurs, qu'il n'y avait, dans leur peuple de statues vivantes, aux mouvements rythmés et harmonieux, qu'une vague « quincaillerie de bazar », qu'une attraction de foire ou de music-hall, bonne uniquement à divertir les badauds. Ce genre de camelote est un produit tout moderne. Les superbes artistes de la Renaissance, qui avaient ici collaboré avec la science des ingénieurs, l'ignoraient certainement et rien ne permet de croire qu'ils s'étaient montrés inférieurs à eux-mêmes. Sans doute aussi faudrait-il faire entrer en ligne de compte l'enveloppement du décor ambiant, le clair-obscur des Grottes et la féerie de l'eau, jaillissante et ruisselante, à travers laquelle, dans une buée humide, se mouvaient tous ces Dieux. Nous ajouterons que les statues étaient sans doute polychromées. André Du Chesne nous apprend, en effet, que Neptune avait la barbe « de couleur bleue ». Ce qui n'a rien d'ailleurs pour nous surprendre. La polychromie de la sculpture, fort en usage au moyen âge, subsistera, jusque sous Louis XIV, pour une partie des premiers plombs des Bassins et des Bosquets de Versailles. Toutes ces merveilles hydrauliques et leurs savants mécanismes

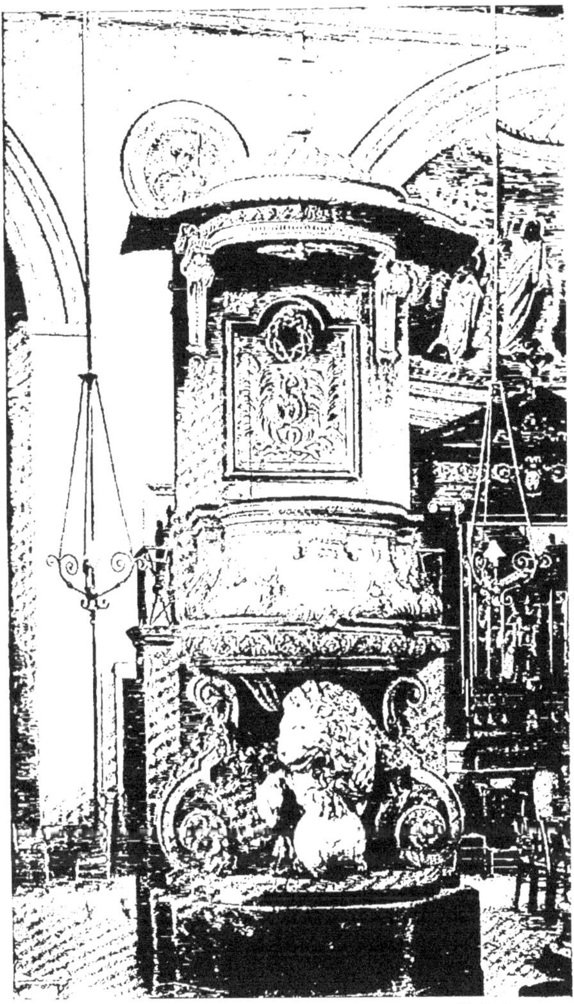

Photo Levy.

Eglise Saint-Louis : Chaire en bois sculpté et doré (XVIIe siècle).

avaient été enfantés par l'ingénieur italien Thomas di Franchini, appelé en France par Henri IV.

La petite grotte survivante, classée comme monument

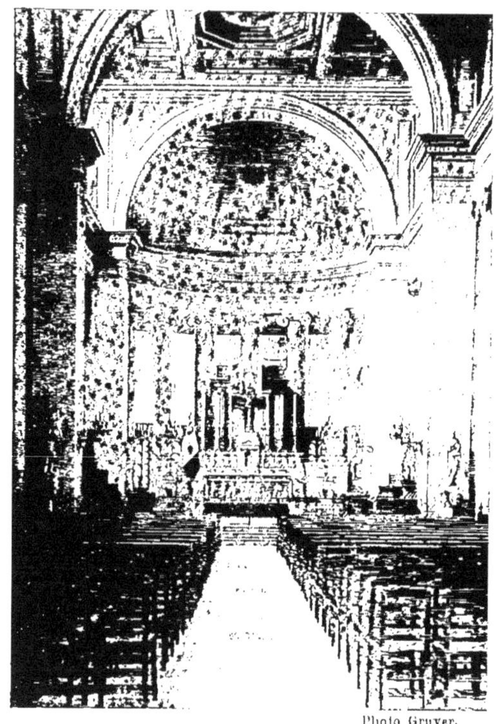

Photo Gruyer.

Eglise Saint-Louis : Le Chœur. (XVIIIe-XIXe siècles.)

historique, est de forme octogonale, avec un plafond en dôme, orné de gracieux bas-reliefs de femmes, qui rappellent l'art de Jean Goujon. On voit encore, sur les murs, des débris des coquillages et des rocailles qui la tapissaient. Dans une propriété voisine, on retrouve quelques ossatures dépouillées des autres grottes, enfouies dans le sol comme des hypogées d'Égypte [1].

D'une sorte de Belvédère, qui termine la Rue Thiers et

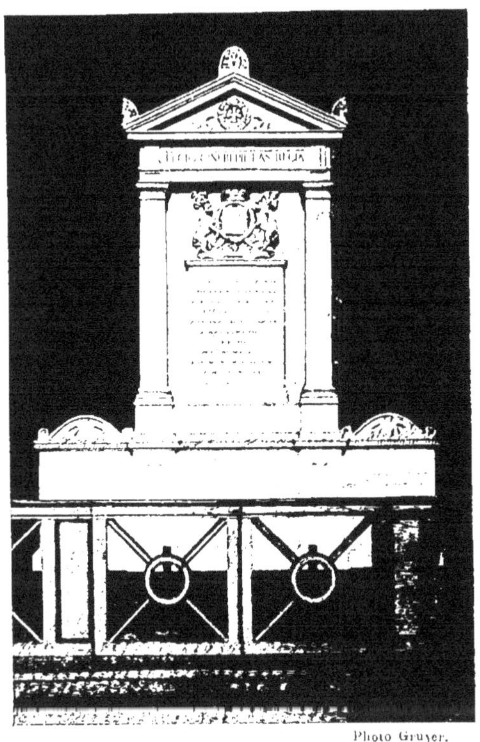

Photo Gruyer.

Eglise Saint-Louis :
Tombeau de Jacques II d'Angleterre.

que la cour intérieure du Pavillon Henri IV sépare du Parc, descendent vers la route du Pecq des escaliers et des

(1) Dans le parc du *Château de Wideville*, situé au delà de la Forêt de Marly, à treize kilomètres sud-ouest de Saint-Germain, non loin de Grignon, on rencontre une de ces Grottes Mythologiques alors à la mode. C'est un petit pavillon d'une élégante et somptueuse archi-

plans inclinés, bordés de murs de soutènement, d'allure cyclopéenne, aux cordons de briques rouges, aux niches vides de leurs statues colossales, qui faisaient partie des Terrasses superposées du Château Neuf [1]. De l'autre côté de la route actuelle du Pecq, le *Pavillon* dit *de Sully* (Sully ne l'a jamais habité), devenu propriété privée, se rattachait également à ce magnifique ensemble écroulé. Comme le Pavillon Henri IV, ce petit édifice avait, lui aussi, à la base des Terrasses, son pendant disparu. Il est construit entièrement en pierre, avec une haute toiture d'ardoises, percée de lucarnes, et une terrasse sur une partie de son rez-de-chaussée. L'ensemble en est charmant.

De vastes Jardins s'étendaient au delà, jusqu'à la Seine : Parterres de Broderie, Boulingrins, Ifs taillés, Corbeilles fleu-

tecture, avec des statues couchées à sa corniche, et fermé par de belles grilles de fer forgé. L'intérieur en est garni de vasques et de rocailles, d'où fusait et ruisselait l'eau, et le plafond est orné de fresques par Simon Vouet. Le tout, malheureusement, mal entretenu, et c'est dommage. On trouve d'autre part, à Paris, dans la Fontaine de Médicis, du Jardin du Luxembourg, une autre équivalence de style et de décoration d'une partie des grands ouvrages architecturaux des Terrasses du Château Neuf.

(1) Les plans inclinés que l'on voit aujourd'hui faisaient partie jadis des Grands Escaliers. Une porte ancienne, toute vermoulue, aux ferrures rouillées, a subsisté au bas de la rampe du sud, dans la haute muraille où s'ouvraient les Grottes de Neptune, du Dragon et des Orgues. Les murs de soutènement, en dessous de ces rampes, bordant la route du Pecq, abritaient les Grottes de Persée, des Flambeaux et d'Orphée. La vieille route qui, du pont de Pecq, montait à Saint-Germain, au XVIIe siècle, passait en arrière du Pavillon Sully et on la retrouve encore en place, étroite, rude et raboteuse. Elle servit jusqu'en 1837, et les Terrasses du Château Neuf, ainsi que les restes de leurs Grottes, avaient été jusque-là épargnés, ainsi qu'on peut s'en rendre compte sur les lithographies de cette époque, où elles se présentent encore avec une superbe allure. En 1837 fut inauguré le chemin de fer de Paris au Pecq et la route actuelle fut construite, pour la plus grande commodité de la circulation, mais pour la ruine définitive des Terrasses.

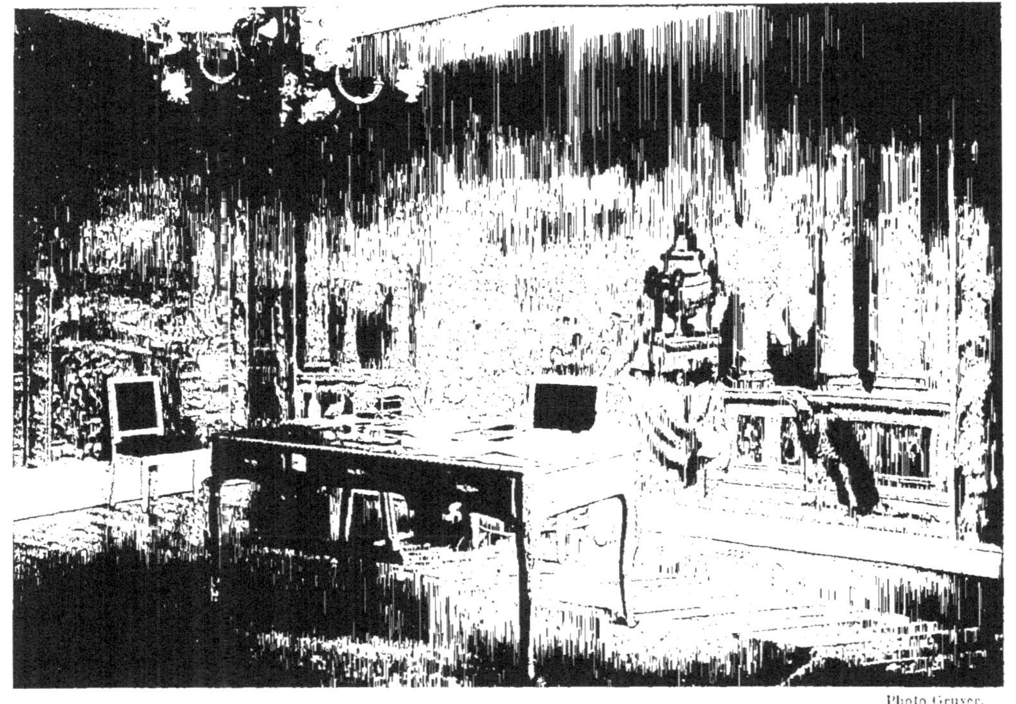

Photo Gruyer.

Hôtel de Ville : Cabinet du Maire et Tapisseries des Gobelins, du XVIIe siècle, figurant les Mois, provenant de l'Hôtel de Noailles.

ries; plantes et espèces fruitières méridionales, importées du Béarn; allée de mûriers blancs, qui servaient à nourrir des vers à soie dont Henri IV, en ses loisirs, surveillait l'éducation; Bassins et Fontaines, Jets et Jeux d'eau, réglés par Franchini; Bustes et Statues, de bronze ou de marbre. On retrouve, dans le jardin actuel du Pavillon de Sully, de hauts et beaux souterrains, parfaitement conservés, qui dépendaient autrefois des Jardins du Château Neuf et qui, semble-t-il, y servaient de serres ou de magasins.

Pierre de l'Estoile rapporte que l'historien et archéologue Claude Fauchet, qui publia notamment une histoire des *Antiquités gauloises et françaises* (il ne se doutait guère que cette branche de l'archéologie recevrait, un jour, asile à Saint-Germain même), était venu au Château Neuf le dimanche 12 mars 1600, pour présenter au monarque un de ses livres et se recommander à sa bienveillance, comme il l'avait fait déjà, au cours d'une précédente visite. Henri IV, l'ayant écouté, se prit à rire et lui assura qu'il ne l'avait point oublié. Il l'emmena dans une des Grottes et, lui ayant montré les Quatre Vents qui s'y trouvaient sculptés, les joues gonflées et soufflant, Fauchet n'eut pas de peine à reconnaître que l'un d'eux reproduisait ses traits. Rentré chez lui, il répondit, quelques jours après, par les vers suivants :

« *J'ai trouvé à Saint-Germain*
De mes grands labeurs le salaire.
Le Roi de pierre m'a fait faire,
Tant il est courtois et humain.
S'il me préservait de la faim
Aussi bien que mon image,
Ah! que j'aurais fait bon voyage!
J'y retournerais dès demain. »

De cette spirituelle boutade, qui courut Paris de mains en mains, le Béarnais se garda bien de se fâcher. Il riposta par une pension de six cents écus et par le titre d'Historiographe de France [1]. Il n'eut pas longtemps, au surplus, à délier les cordons de sa bourse, car Fauchet mourut l'année suivante.

***

Revenons maintenant en ville.

La *Place du Château* actuelle était encadrée, dès François Ier, par les Bâtiments du « Grand Commun », qui formaient avec la Face Ouest du Château un rectangle, et que nous montre un plan de Du Cerceau. Quelques rares maisons les avoisinaient, du côté opposé au Parc. Le Grand Commun était affecté aux Offices, Cuisines, Caves et Magasins du Château et de ses hôtes, et aux services qui en dépendaient. Des logements y étaient également réservés à divers gens de Cour. Sur le flanc droit de l'église actuelle, une jolie Fontaine avait été exécutée, Henri II régnant, sur les dessins de Philibert de l'Orme et de Benvenuto Cellini. D'un bassin triangulaire s'élevait une pyramide, flanquée à sa base de quatre Dauphins et surmontée d'une boule portant la Couronne Royale ; un bassin, surélevé de trois marches, l'entourait. Lors des baptêmes et des naissances des Enfants de France, l'eau de la fontaine, par un usage constant, se changeait en vin, que le populaire accourait lamper à pleines langues et puiser avec des seaux et des cruches, le tout non sans force horions et divertissantes bousculades. Nous ne connaissons plus cette fontaine que par une estampe d'Isaac Sylvestre. Elle a été remplacée, de nos jours, sur la Place du Château, par un cordon de « vespasiennes », utiles certes, mais que l'on préférerait plus discrètes.

(1) L'écu d'or valait environ trois livres.

L'ÉGLISE SAINT-LOUIS, de l'autre côté de la place, fait face au Château. L'église primitive, qui se trouvait en arrière du Grand Commun et était orientée à l'opposé de l'église actuelle, étant tombée de vétusté, en 1681, Louis XIV ordonna qu'elle

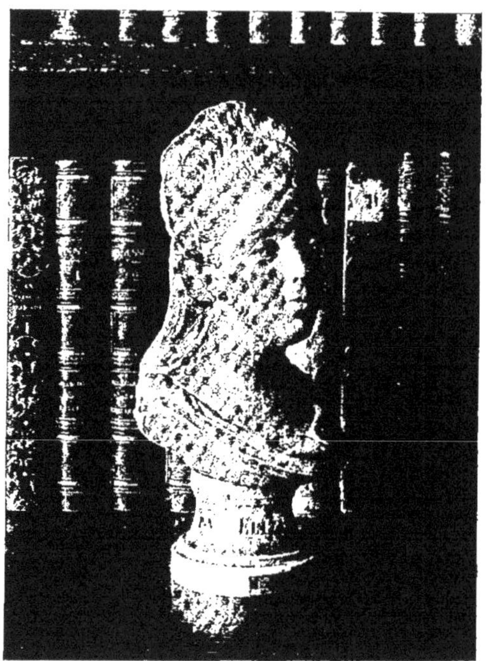

Photo Gruyer.

Mme Elisabeth, sœur de Louis XVI,
buste en terre cuite dure. (Musée-Bibliothèque.)

fût, une première fois, relevée. Sous Louis XV, une reconstruction plus vaste, dans le style néo-grec, fut décidée. Deux aquarelles, conservées à la Bibliothèque municipale, nous montrent la beauté de l'édifice projeté et la somptuosité intérieure de ses colonnes cannelées. Mais la première pierre n'en fut posée qu'en 1766. Les plans anciens avaient été modifiés et alourdis. Puis les travaux furent interrompus en 1790, pour n'être repris qu'en 1825. De la dernière période de la construction datent la Tour-clocher carrée qui domine le monument et le pesant Portique qui le précède. En face

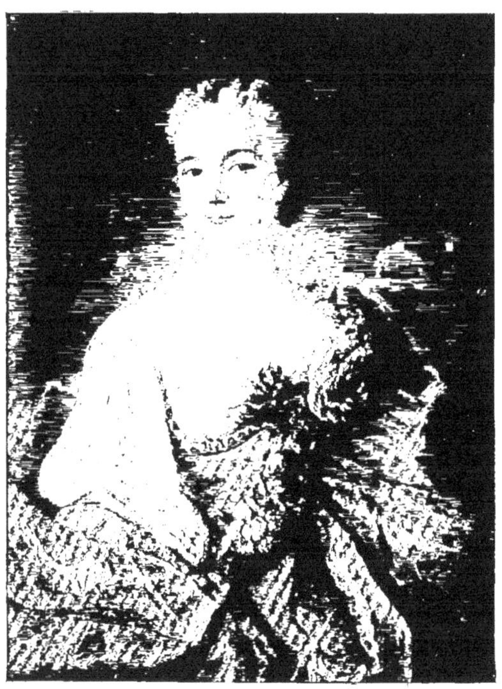

Photo Gruyer.

Nattier (ou École de). Portrait de jeune fille.
(Musée-Bibliothèque.)

du svelte château de la Renaissance, cette façade semble un pavé à assommer un ours. L'intérieur, en forme de basilique romaine, ne manque pas d'allure. Le plafond de la nef, qui est plat et lambrissé, reproduit celui de Sainte-Marie-Majeure de Rome et est porté par des colonnes ioniques, dont les chapiteaux dorés s'enroulent en cornes de béliers. Le chœur s'arrondit en forme de conque. La belle Chaire, en bois sculpté, que supporte un gros lion doré, avait été d'abord destinée à Versailles et a été donnée par Louis XIV, en 1681. Les peintures que l'on voit à la base du plafond sont d'Amaury Duval, du début du XIXe siècle, de même qu'un *Crucifiement* d'An-

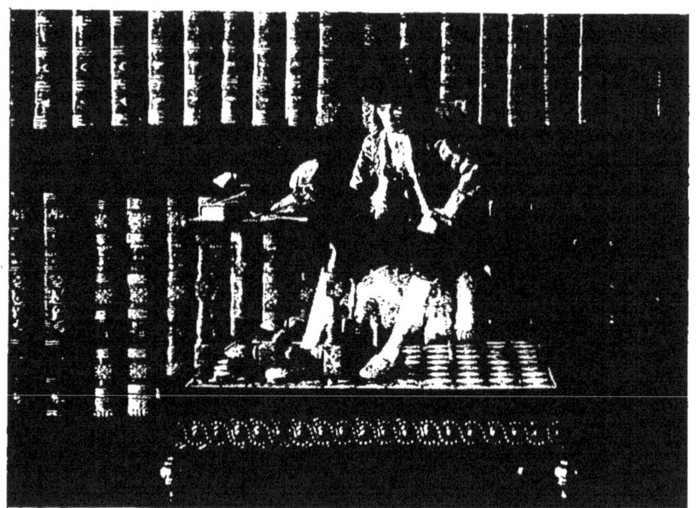

Photo Gruyer.

Voltaire, figurine habillée, en terre cuite peinte.
(Musée-Bibliothèque.)

siaux, dans la Chapelle de la Vierge. A la Chapelle Saint-Louis, le roi très chrétien est représenté portant la Couronne d'Épines. A la Sacristie, deux tableaux intéressants nous montrent, l'un Louis XIII, l'autre Anne d'Autriche, agenouillés et faisant hommage à la Vierge de leur couronne, en remerciement de la naissance de Louis XIV. Au pourtour du chœur, une statue de *Notre-Dame de Bon-Retour,* dès longtemps vénérée, a été fâcheusement peinturlurée, et un mystique marbre blanc, figurant l'*Au-delà,* est l'œuvre moderne d'Icart (1913).

Au bas côté droit, le *Mausolée de Jacques II*, roi d'Angleterre, mort à Saint-Germain, le 10 septembre 1701, a été élevé en 1818, par les soins de Georges IV, alors Prince-Régent. Il est de marbre blanc et de style antique, avec diverses inscriptions et les Armes d'Angleterre. Le corps de Jacques II

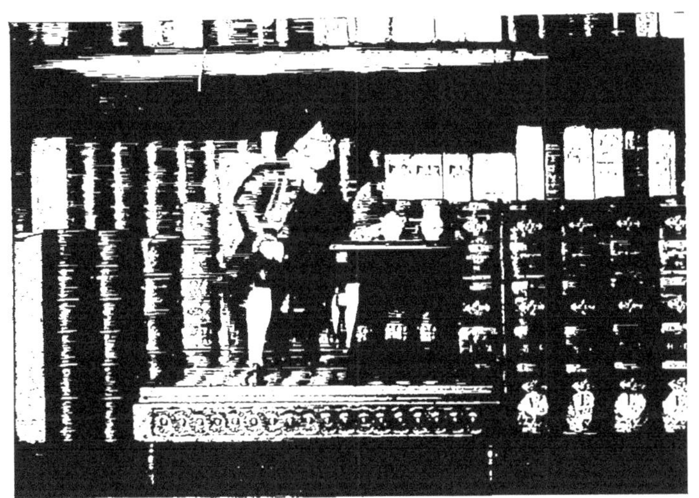

Photo Gruyer.

Franklin, figurine habillée, en terre cuite peinte. (Musée-Bibliothèque.)

avait été, lors de sa mort, embaumé selon l'usage, puis transporté à l'Abbaye des Bénédictins anglais de la rue Saint-Jacques, à Paris. Là, il avait été, sort bizarre, pieusement dépecé, et ses nombreux morceaux distribués, en guise de reliques, à diverses églises de Paris. On ne croyait pas qu'il en fût rien demeuré à Saint-Germain, lorsqu'en creusant, en 1826, les fondations du clocher de l'église, on retrouva dans le sol une boîte de plomb, portant cette inscription : « *Ici est une portion de la chair et des parties nobles du très haut et puissant et excellent prince Jacques Stuart, second du nom, roi de la Grande-Bretagne.* » La boîte fut réunie au mausolée.

Attenante à l'église, la *Chapelle Sainte-Anne* a un autel à retable de bois sculpté, peint et repeint, archi-verni et reverni, provenant de l'église ancienne, et qui porte les Chiffres enlacés des donateurs, Anne d'Autriche et Louis XIII. Elle possède diverses copies de tableaux anciens, notamment de Raphaël et de Rembrandt, et une excellente toile, non signée, de 1770, figurant une *Madeleine au Désert*, pécheresse repentie qui demeure, avec son doux visage encadré de cheveux blonds, avec ses yeux moites, baignés de larmes, singulièrement suave.

A quelques pas de là, l'*Hôtel de Ville* occupe l'ancien Hôtel de la Rochefoucauld, adapté et enlaidi à souhait, en 1844. Dans le Cabinet du Maire, quatre magnifiques Tapisseries des Gobelins, du XVIIe siècle, sont appendues aux murs. Avec leur belle composition, bien équilibrée, leurs tons fanés mais non éteints, elles représentent : *Janvier*, ou le Louvre, avec une scène d'Opéra ; *Février*, ou le Palais Royal, avec une salle de danse, illuminée de lustres, et des Masques en costumes orientaux ; *Mars*, ou le Château de Madrid, près de Paris, avec Louis XIV chassant le cerf dans les bois défeuillés (Bois de Boulogne actuel) ; *Décembre*, ou le Château de Montceaux, près de Meaux, avec une Chasse au sanglier. Ces tapisseries, provenant de l'ancien Hôtel de Noailles, ont eu leurs somptueuses bordures coupées et découpées, tant pour les adapter à la hauteur moindre de la pièce que pour fabriquer avec les bandes des encadrements aux fenêtres. Opération criminelle, dont il convient de ne pas féliciter celui qui s'en chargea, mal irréparable aujourd'hui.

L'Hôtel de Ville abrite la BIBLIOTHÈQUE MUNICIPALE, excel-

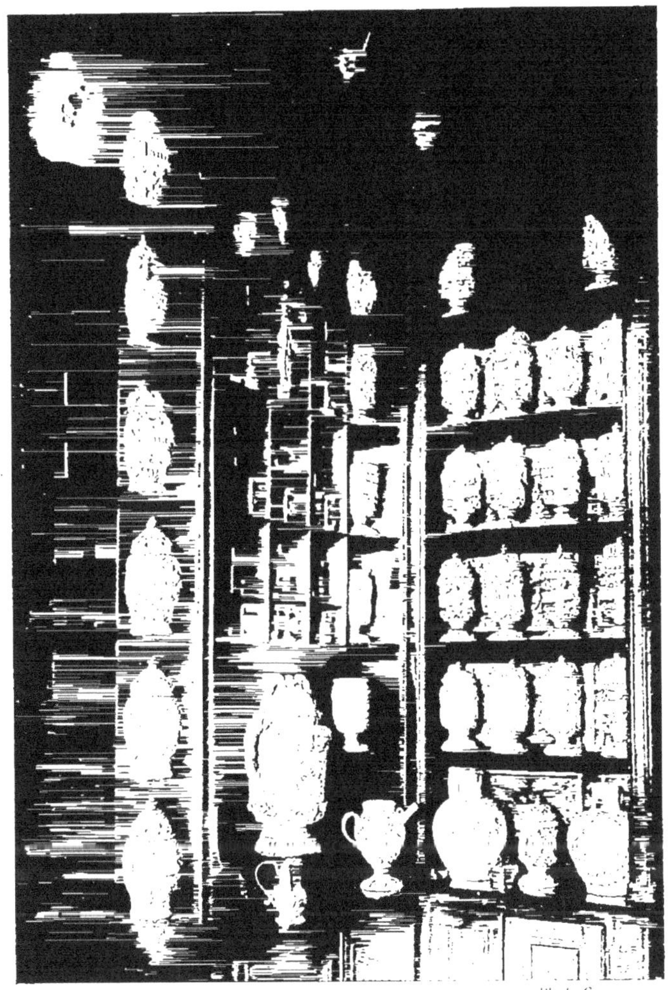

Photo Gruyer.

Vases en faïence blanche et bleue, des XVIIe et XVIIIe siècles, provenant de l'ancienne Apothicairerie. (Hôpital.)

lente et bien tenue, avec quelque trente mille volumes anciens et modernes, dont les premiers furent réunis en 1793, dans l'ex-Couvent des Récollets, et provenaient des diverses biblio-

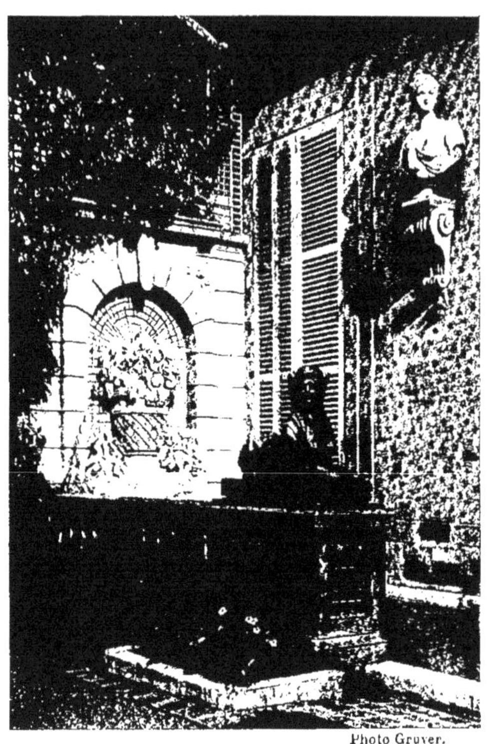

Photo Gruyer.

Ancien Hôtel de Noailles :
Le Rez-de-Chaussée sur le Jardin.

thèques ayant appartenu aux couvents ou aux émigrés. Une grande part de ce fonds précieux fut malheureusement attribuée, en 1803, à la Bibliothèque de Versailles qui, cela va de soi, n'a plus voulu depuis s'en dessaisir. Des trois cent cinquante manuscrits que possède encore Saint-Germain, les deux plus précieux sont un *Livre d'Heures* à miniatures, de l'École de Tours, et le *Livre des Statuts de l'Ordre de Saint-Michel* (celui-ci fondé par Louis XI), qui est orné de deux minia-

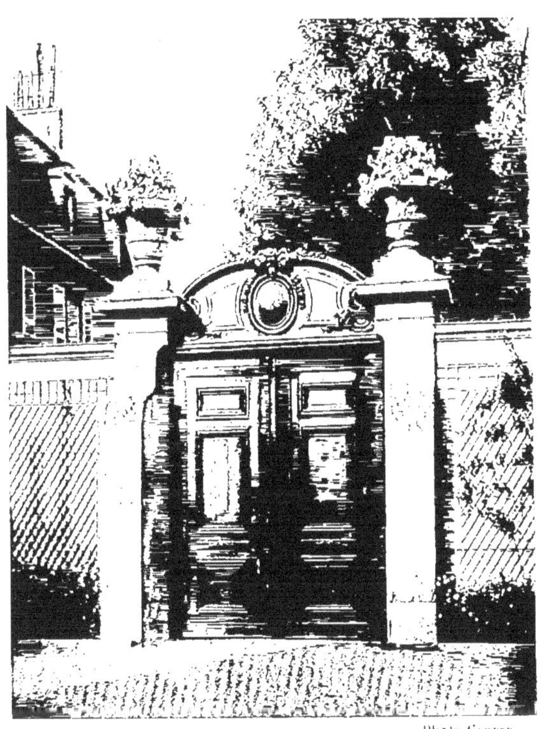

Photo Gruyer.

Ancien Hôtel de Noailles :
La Porte Cochère de la Cour-Jardin.

tures attribuées à Jean Cousin. Un *Horoscope de Louis XIV*, tiré à sa naissance (l'astrologie sévissait encore à cette époque), a été effrontément remanié, au cours de la vie du Grand Roi, afin de se mettre d'accord avec les faits. — Un petit MUSÉE est adjoint à la Bibliothèque. On y trouvera quelques bons et amusants tableaux de l'École Flamande, dont le plus intéressant est un curieux *Charlatan*, de Jérôme Bosch ; en robe rouge et coiffé d'un chapeau haut de forme, il s'apprête à faire passer la muscade d'un gobelet dans un autre, en présence d'un groupe de bourgeois, vêtus de costumes de l'époque de Louis XI et prodigieusement attentifs. Puis des toiles françaises des XVIIe et XVIIIe siècles, dont une petite et sensuelle *Mise au tombeau* de cette dernière époque, d'auteur inconnu, au fin dessin et au coloris harmonieux ; des Pastels aussi du XVIIIe siècle et des tableaux modernes. Un buste de *Madame Élisabeth*, sœur de Louis XVI, aux yeux proéminents, retiendra notre attention, ainsi que de nombreuses Gravures relatives à l'histoire de Saint-Germain, une Cire figurant *Cartouche* et deux délicates et vivantes figurines de terre cuite peinte et habillée, représentant *Voltaire* et *Franklin*, avec leur calotte et leur bonnet, sous une petite cage de verre.

Près de l'Hôtel de Ville, une partie de la tranchée de la Gare de Saint-Germain marque l'emplacement de l'ancienne « Surintendance des Bâtiments », construite en 1666, et qu'occupa Colbert.

Le *Couvent des Dames de Saint-Thomas*, Rue de la République, a été fondé en 1700, pour l'éducation des jeunes filles anglaises, irlandaises et écossaises, émigrées à la suite de Jacques II. On voit, en bordure de la Rue de la République, le portail de sa Chapelle, qui servit de temple, en 1797, à la secte des Théophilanthropes.

L'HÔPITAL-HOSPICE est un vaste monument moderne, inauguré en 1881, avec une lourde et prétentieuse Chapelle de style pseudo-roman. Ancien Hôtel-Dieu, il doit sa première fondation hospitalière « pour les pauvres vieillards », le 13 avril 1679, à Mme de Montespan, nature émotive et com-

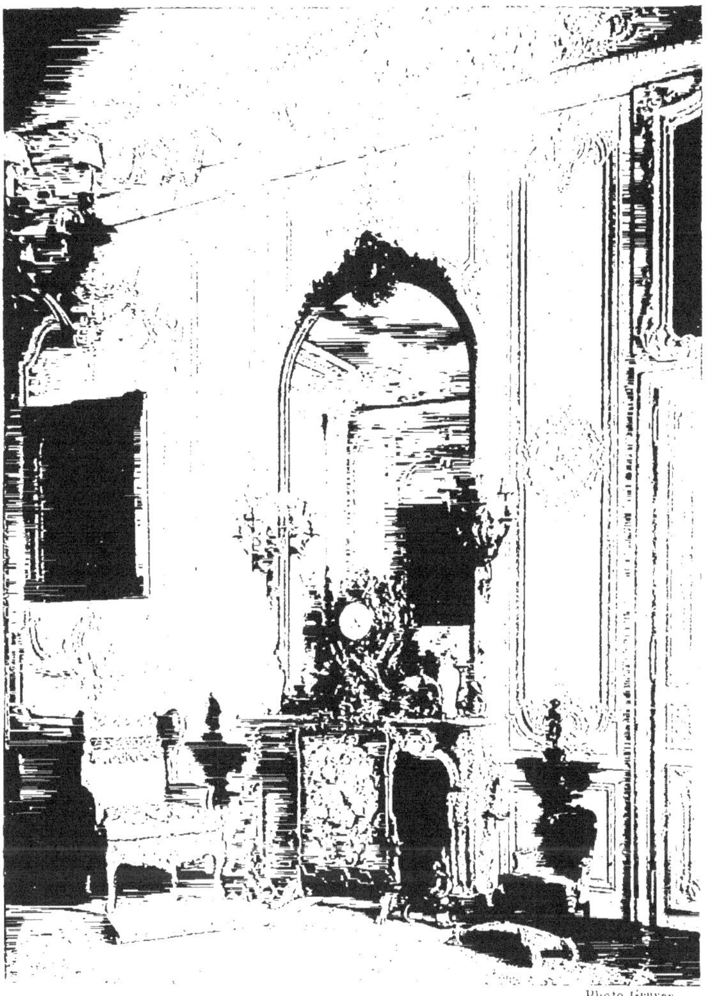
Photo Gruyer.

Ancien Hôtel de Noailles : Le Grand Salon.

plexe, qui mêlait la dévotion à la sorcellerie et qui, comme La Vallière, devait terminer ses jours et expier les erreurs de sa vie dans une pénitence non moins passionnée. La Pharmacie de l'Hôpital a conservé, dans un joli décor d'étagères et de boiseries de l'époque Louis XVI, où président, dans deux petites niches, deux statuettes dorées de la Vierge Marie et de Saint Joseph, une riche collection de faïences, blanches et bleues, provenant de l' « Apothicairerie » de l'Hôtel-Dieu. Ce sont des Vases à onguents, allongés ou pansus, des Pots avec ou sans anses, munis d'un couvercle ou d'un goulot, des Bouteilles, des « Canons », de forme cylindrique, et des « Chevrettes », sveltes sur le pied qui les porte. La plupart de ces charmantes potiches, où l'on enclosait tant de drogues innommables, abracadabrantes et savamment parfumées, poudres de vipère et crapauds distillés, malaxés avec des roses (remèdes qui par persuasion guérissaient peut-être, à l'instar de bien des nôtres), datent du XVIIe siècle et semblent provenir de la faïencerie de Saint-Cloud. Quelques pièces sont du Nevers, ou ont été réassorties, au XVIIIe siècle, à Rouen ou à Paris.

Outre les ornementations coutumières de l'époque, telles que lambrequins, guirlandes, grosses fleurs de lys, décors chinois, on remarque sur plusieurs de ces vases un paon et un coq et, sur l'un d'eux, ces deux oiseaux réunis. On a vu dans le paon, beauté altière et faisant la roue, Mme de Montespan, et dans le coq, Louis XIV en personne. Supposition qui n'a rien d'invraisemblable, les symboles par animaux étant fréquents à cette époque [1] et Mme de Montespan ayant, d'autre part, fait à l'Hôtel-Dieu de Saint-Germain de fréquentes largesses, ainsi qu'en témoignent les archives de l'établissement. Ces diverses faïences se complètent de

(1) Voir page 174.

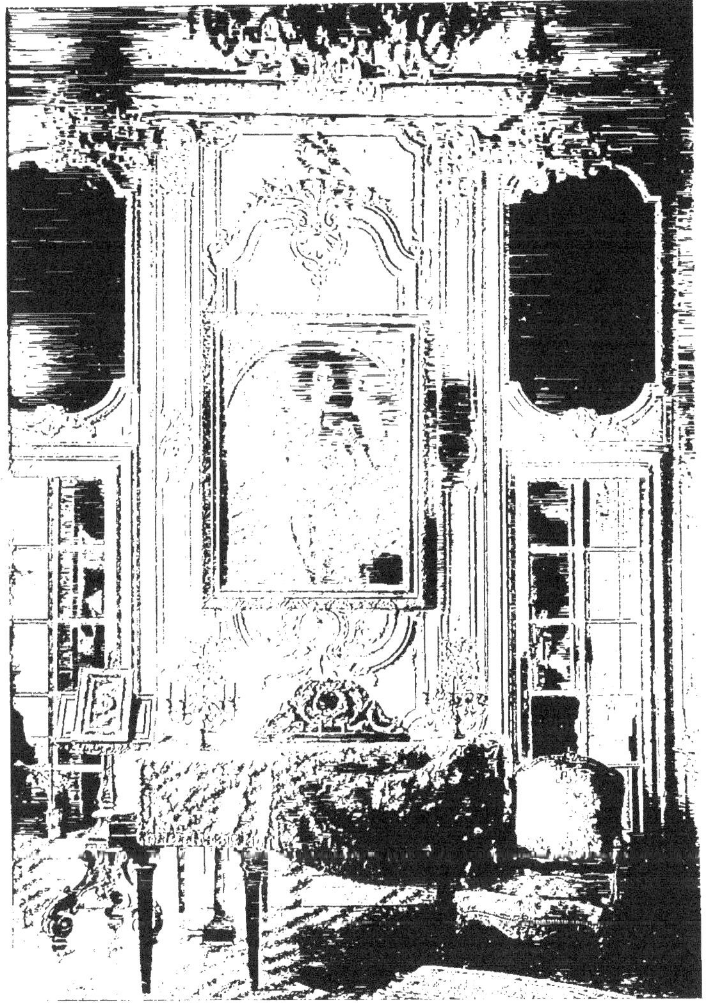

Photo Gruyer.

Ancien Hôtel de Noailles : Le Petit Salon
et Portrait en tapisserie d'Anne-Jules, duc de Noailles.

Fioles à médicaments, en verre de Venise ou de Sèvres, légèrement irisé par le temps, et de Boîtes à tisanes, en bois, où l'on enfermait feuilles et fleurs sèches, et que décorent des fleurs peintes, encadrant des inscriptions latines.

Dans la partie ancienne de la ville, qui se tasse en arrière de l'Église et du Château, de nombreuses inscriptions, au fronton des portes cochères, attirent le regard et indiquent au passant les anciennes demeures, contemporaines de l'époque où la Cour séjournait à Saint-Germain : Hôtels de Maintenon, de Lorraine, de Vendôme, de Guise et de Villeroy, de Retz ; les uns défigurés, les autres mieux conservés. La plupart de ces hôtels datent du XVIIe siècle, les autres du XVIIIe. A Saint-Germain comme à Versailles, presque tous les gens de Cour qui avaient un logis au Château possédaient en outre, en ville, une maison particulière, plus confortable. Le plus intéressant de ces hôtels est l'*Hôtel de Noailles*. Construit par Mansart, dans les dernières années du XVIIe siècle, pour Anne-Jules, duc de Noailles, maréchal de France, il était alors entouré d'un vaste parc qui rejoignait les Parterres du Château. La maison se composait d'un corps central, précédé d'un péristyle aux colonnes doriques, et encadré de deux pavillons carrés. Le parc fut dépecé sous la Restauration et une rue, Rue d'Alsace actuelle, passant à travers l'hôtel, n'en laissa subsister, à droite et gauche, que les deux pavillons. L'un de ceux-ci, qui appartient aujourd'hui à un riche amateur, M. Beaufeu, a été splendidement restauré et de nombreux objets d'art anciens y ont été réunis. On admire surtout les boiseries sculptées du Grand et du Petit Salon, celles de la Chambre à coucher, et l'Escalier, avec sa rampe de fer forgé.

La *Place du Marché*, bordée d'arcades sur une de ses faces, et d'hôtelleries (du Grand-Cerf, du Cheval-Blanc, du Cheval-Noir, du Cheval-Rouge), est le centre du vieux Saint-Germain

Elle s'anime, deux fois par semaine, des éventaires en plein air des gens de la campagne environnante, qui viennent, avec leurs carrioles, apporter leur beurre, leurs œufs, leurs volailles, leurs fleurs et leurs légumes, entassements multicolores. Saint-Germain prend, ces jours-là, un amusant aspect de petite ville normande, puis retombe dans un calme paisible jusqu'au marché suivan . Sur une place voisine, une *Statue de Thiers*, en bronze, par A. Mercié (1880), rappelle le souvenir de celui qui fut, après 1870, le « Libérateur du Territoire » et qui, comme nous l'avons dit, mourut au Pavillon Henri IV, le 3 septembre 1877.

A l'extrémité de la Rue de Mareil, qui descend en pente rude vers un petit vallon, un vieux logis pittoresque, couvert de tuiles brunes, est habité par le peintre Maurice Denis. C'est l'ancien Hospice des Vieillards, fondé par Mme de Montespan.

Toute une ceinture de quartiers neufs, bien tenus, comme du reste toute la ville, et d'allure aristocratique, entremêlent, dans un air sain et vif, combien vif parfois, leurs villas et leurs jardins. Le Collège des Garçons et celui des Filles, avec son grand parc, l'École normale des Institutrices de Seine-et-Oise et la Maison de Bon-Repos, maison de retraite pour les vieux ménages, sont des constructions avenantes et élégantes, qui ont eu le bon goût de ne pas faire songer à des prisons.

Les Armes de Saint-Germain, rétablies par décision royale de Louis XVIII, du 19 juillet 1820, sont, en mémoire de la naissance de Louis XIV au Château Neuf, un Berceau sur fond d'azur, semé de Fleurs de Lys d'or, avec la date : 5 *Septembre* 1638.

***

La Forêt de Saint-Germain, plantée surtout de chênes, de hêtres, de charmes et de châtaigniers, s'étale en terrain plat et en sol sablonneux, dans la vaste boucle que décrit la Seine entre Saint-Germain, Maisons-Laffitte, Achères et Poissy. Ses 3.540 hectares sont entièrement encerclés d'un

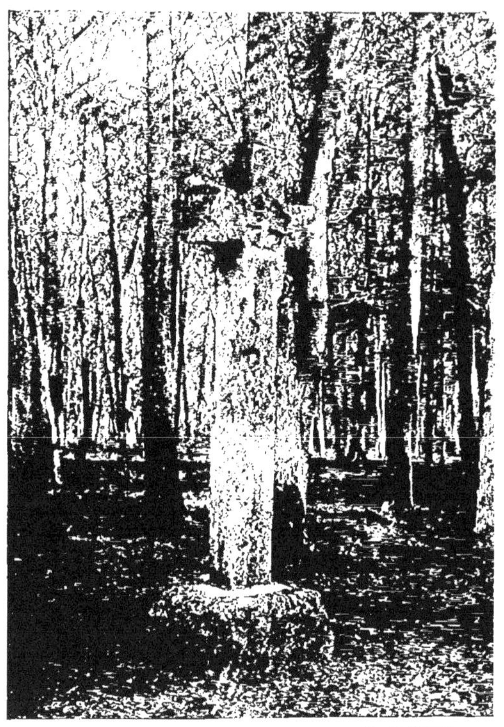

Photo Gruyer.

La Croix Pucelle.
(Forêt de Saint-Germain.)

mur, commencé sous François Ier et terminé par Louis XIV. Il descendait alors, au-dessous de Saint-Germain, jusqu'au fleuve, qu'il englobait, afin que le gibier pût aller librement se désaltérer dans ses eaux. Ramené, en arrière de la Terrasse, puis courant durant d'innombrables kilomètres, il se relie encore à celui de la Forêt de Marly et rejoignait autrefois celui du Grand Parc de Versailles. Ce mur calamiteux, percé de rares portes et sans raison d'être aujourd'hui, n'en con-

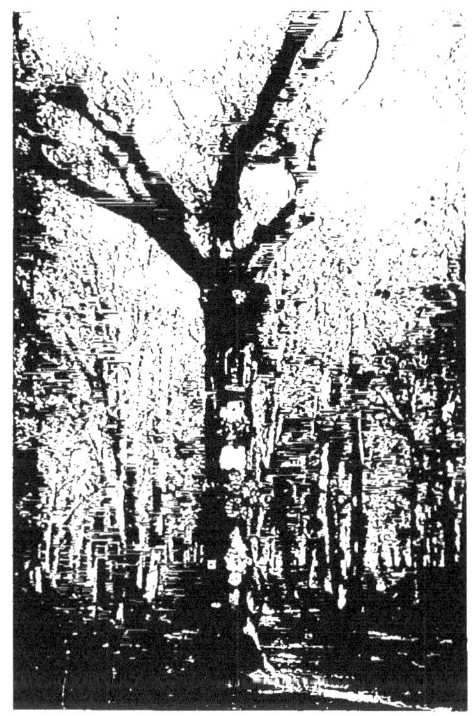

Photo Gruyer.

Le Chêne aux Anglais.
(Forêt de Saint-Germain.)

tinue pas moins à être entretenu à grands frais par l'administration forestière, pour la gêne perpétuelle du public.

La même administration s'est, par contre, montrée impuissante à sauvegarder, il y a une trentaine d'années, la magnifique *Allée des Loges* qui, tracée par Le Nôtre dans l'axe du

Château, en 1679, s'enfonce en forêt, durant trois kilomètres, bordée de contre-allées à quatre rangées d'arbres. Lors d'un raccord à établir entre la gare de Saint-Germain et le chemin de fer de Grande-Ceinture, au lieu de faire passer sous elle le rail en tunnel, l'Allée a été sauvagement coupée, dans sa première moitié, par un pont de fonte, qui en rompt la perspective, et ses contre-allées obstruées par des talus en remblai. Cet acte merveilleux de vandalisme, imputable aux Ponts et Chaussées, ne serait plus, sans aucun doute, toléré aujourd'hui. Mais nulle organisation n'existait encore pour la protection des beaux paysages de France et il put ainsi s'accomplir impunément.

C'est également par ordre de Louis XIV que furent percées, à partir de 1673, toutes les allées actuelles de la Forêt, qui ne possédait jusque-là que des sentiers et des chemins de chasse. Auparavant, d'importants reboisements avaient eu lieu. C'est ainsi que 585.000 plants, dont 145.000 châtaigniers, furent mis en place en 1664. D'innombrables cerfs furent amenés par bateau, sur l'Oise et la Seine, de la Forêt de Compiègne. Le Bois du Vésinet fut aménagé en garenne, de 1664 à 1680.

L'Allée des Loges aboutit aux *Loges*, où existait, dès le début du XIe siècle, un petit Couvent, dont on a attribué la fondation à Robert le Pieux, en 1021. Près de ce Couvent s'éleva ensuite un « Hostel », ou Rendez-vous de Chasse, à l'usage du Roi. Il est, plusieurs fois, mentionné nettement, avec son concierge, de 1472 à 1505, et on l'appelait « Les Loges en la Forêt de Laye ». Vers la fin du XVIe siècle, un des compagnons d'armes d'Henri IV, René Puissant, s'y retira et y vécut en ermite. Louis XIII l'autorisa, par la suite, à élever un Couvent d'Augustins Déchaussés, auquel la Cour rendait de fréquentes visites. En 1644, Anne d'Autriche renouvela cette fondation et fit reconstruire les bâtiments. La réputation du Couvent s'en accrut et La Rochefoucauld y venait chaque année, en retraite, durant la Semaine Sainte. Plus tard, en 1774, Mme du Barry s'y retira, lorsque, pendant la dernière maladie de Louis XV, elle dut quitter Versailles. Les Augustins, dispersés par la Révolution, furent remplacés, de 1792 à 1796, par des Récollets. En 1811, Napoléon acquit le domaine et la maison, où il installa une Maison d'Éducation pour les filles des membres de la Légion d'Honneur. Cette destination a été conservée depuis. Les bâtiments actuels, réédifiés de 1855 à 1859, n'ont conservé aucun souvenir du passé.

La Fête des Loges, qui se tient sur l'esplanade gazonnée entourant les Loges, est une des plus populaires des environs de Paris. Elle commence le dimanche le plus rapproché du 25 août et dure dix jours. Elle a son origine dans la procession à la chapelle du Couvent des Augustins, dont la Confrérie des Jardiniers et Horticulteurs établit l'usage au XVIIIe siècle, le 30 août, jour de la Saint-Fiacre. Après la messe et le défilé des pèlerins, on dansait sur l'herbe. Des divertissements variés se mêlèrent peu à peu à la fête, qui devint toute profane, avec les jeux et les saltimbanques coutumiers, et des rôtisseries en plein air, installées sous les arbres de la forêt. Sous leurs ombrages se dressent des tables pour les dîneurs, et le parfum des gaufres se mêle, parmi les feuillées, au fumet des poulets, aux relents graisseux des saucissons, des boudins et des pommes de terre frites.

Au delà des Loges, on rencontre dans la forêt une petite *Faisanderie*, dont l'établissement remonte à Henri II, puis le *Pavillon de la Muette*, ancienne maison de chasse de François Ier, qui la fit édifier en 1542. C'était alors un véritable petit Château, à cinq étages, en pierre et briques comme celui de Saint-Germain, et dont Pierre Chambiges signa le marché de construction. L'édifice, à peu près carré, se composait d'un Corps de logis central, avec quatre Pavillons à ses quatre angles, et deux autres, sur deux de ses faces. Le Roi y pouvait séjourner, en pleine forêt, en compagnie d'invités, du sexe mâle et du beau sexe, et la construction avait été fort soignée, avec une recherche du confortable peu coutumière à l'époque. C'est ainsi que les planchers étaient doubles, en vue d'assourdir les pas, et que « certaines alcôves nécessaires », dit Du Cerceau, avaient été ménagées partout ; précaution qui avait été négligée à Saint-Germain même. Il y avait également une Chapelle, sur l'arrière-face. Les toitures, d'abord plates et couvertes de terrasses, furent achevées au début du règne d'Henri II, et un Jeu de Paume y fut installé. Tout était terminé en 1555. Mais, peu après, Philibert de l'Orme, qui dirigeait déjà les travaux depuis 1549, intervint, et des toitures en dômes aplatis et en coupoles, que l'on voit figurées sur le relevé architectural de Du Cerceau, remplacèrent les terrasses. Divers agencements se poursuivirent encore sous François II, en 1559-1560, et sous Charles IX, en 1563-1564. Le total de la dépense s'éleva à 67.355 livres, 8 sols, 6 deniers (un million de francs environ). Il y faut ajouter diverses sommes, empruntées par Philibert de l'Orme ou sorties par lui de sa poche, et que Catherine de Médicis négligea de lui rembourser lorsqu'il fut tombé en disgrâce. Dès 1576, la Muette, inhabitée, avait cessé de plaire, et ses toitures s'effondraient. Ce n'était plus, moins d'un siècle après, en 1650, qu'une ruine démantelée, envahie par les arbres et les broussailles, que Louis XIV fit achever de démolir. Sous le règne de Louis XV, l'architecte Gabriel releva, à la même place, un autre Pavillon de Chasse, de forme semi-circulaire et de style néo-grec, très simple, qui est celui que nous voyons aujourd'hui. Il est au centre d'une étoile de huit routes. Une allée droite, de huit kilomètres, tracée à la même époque, en partie tronçonnée depuis, le reliait directement à Saint-Germain [1].

Comme au temps des Druides, la Forêt de Saint-Germain a encore ses Chênes sacrés, sanctifiés ceux-là par la religion chrétienne. Ils portent, accrochées à leur tronc, de petites Chapelles, avec une Vierge ou une Sainte dans une niche, et sont enguirlandés de festons de feuillages, ornés de couronnes et de bouquets, garnis d'ex-voto. Le *Chêne Saint-Fiacre,* voisin des Loges, abattu en 1884, recevait des Jardiniers, tous les ans, le 30 août, sa parure fleurie. Le *Chêne Sainte-Geneviève,* entre les Loges et Saint-Germain, au croisement de la Route des Bonnes-Filles, est consacré à la patronne de Paris et de la région parisienne. Le *Chêne de la Vierge aux Anglais,* proche de la Terrasse, doit à Jacques II, selon la légende, la vénération dont il est l'objet. Le *Chêne Sainte-Anne,* entre les Loges et Poissy, fut voué à Sainte Anne sa patronne, mère de la Vierge, par Anne d'Autriche. La statue qu'elle y fit poser ayant disparu, une autre l'a remplacée, au XIXe siècle, par les soins de la poétesse Bertile Ségalas, fille de la femme de lettres, Anaïs Ségalas. Le chêne devint un lieu de pèlerinage pour les écrivains, les artistes et les poètes, et présida à des concours littéraires, qui se tenaient autour de lui. On y trouve encore appendues des plaques de tôle, aux trois quarts rouillées, sur lesquelles furent inscrites les pièces de vers couronnées. On aimerait à voir mieux entretenus ces gracieux souvenirs. D'autres chênes ont perdu leurs

(1) Ce nom de *La Muette* ne provient pas du silence d'un lieu retiré. Mais on appelait « Muette », dans les Capitaineries de Chasse, une maison où l'on conservait les bois des cerfs, tombés à l'époque de la mue, ou bien encore où l'on abritait les oiseaux de fauconnerie, quand ils sont en mue. Telle est l'origine du nom de La Muette de Saint-Germain et de celle du Bois de Boulogne, à Paris.

niches ou leurs statuettes. N'est-ce pas aussi grand dommage ? Car ces vieilles traditions, qui subsistent à travers le trépidant galop de la vie moderne, étaient reposantes et charmantes.

La Forêt, comme elle a ses chênes, a aussi ses Croix. La plus belle en était la *Croix de Noailles*, entre les Loges et la Muette, sur l'ancien grand-chemin de Normandie, érigée en 1751. Sur un socle élégant, de style Louis XV, repose une haute colonne cannelée, qui portait une croix de fer forgé, abattue en 1793, et qu'il serait convenable de rétablir. La *Croix Saint-Simon*, en continuant la route de Conflans, a été élevée le 3 mai 1635, par Claude de Saint-Simon (père de l'illustre écrivain), qui, en 1644, au nom d'Anne d'Autriche, posa la première pierre de la reconstruction du Couvent des Loges et qui fut, pour Louis XIII, Capitaine de Versailles naissant. Elle a été restaurée en 1836. Un peu plus outre, la *Croix du Maine*, restaurée à la même époque, fut érigée en 1714, en l'honneur du duc du Maine, fils naturel de Louis XIV et de Mme de Montespan, né à Saint-Germain, en 1670. La petite *Croix Dauphine*, voisine de la Croix Saint-Simon, est à demi détruite et, entre la Croix de Noailles et Maisons-Laffitte, une plaque commémorative rappelle seule la *Croix de Berry*, qu'avait fait ériger François Ier, en 1526, en l'honneur de sa sœur, Marguerite de Valois, duchesse de Berry.

POISSY

La route de Poissy et la Croix Pucelle. — L'Église Notre-Dame. — L'Abbaye et le Colloque de Poissy. — Le Pont sur la Seine.

Six kilomètres de route relient Saint-Germain à POISSY, petite ville-sœur, par son antiquité et ses souvenirs historiques. Cette route, qui traverse la forêt, passe pour avoir été tracée par Blanche de Castille qui, de Poissy qu'elle affectionnait, venait souvent à Saint-Germain, voir son fils.

L'ancienne route, rectifiée en 1690, se trouvait, avant cette époque, un peu plus à droite et, à trois kilomètres et demi de Saint-Germain, passait devant une Croix de pierre qui existe encore, sous la futaie. C'est, haute de deux mètres cinquante et portée par un petit soubassement, une croix grecque ; à la réunion des quatre branches est sculptée en bas-relief une croix nimbée ; sur la branche supérieure, on lit : « *Croix Pucelle*, 1456 », inscription certainement postérieure au monument, car au XVe siècle les dates s'écrivaient toujours en lettres, non en chiffres. Sans doute date-t-elle de 1690, époque où la Croix fut restaurée. Une tradition, qui eut longtemps cours, rapporte que ce signe du Christ fut élevé en mémoire d'une jeune fille qui avait été tuée à cet endroit. Mais la date de 1459 permet de lui donner une autre attribution. A cette époque, Dunois, l'illustre compagnon d'armes de Jeanne d'Arc, était gouverneur de Saint-Germain et, d'autre part, ce fut le 7 juillet 1456 que fut rendue à Rouen la sentence d'absolution et de réhabilitation de l'héroïque Pucelle. La sentence portait, en outre, « qu'il serait planté des croix dignes et honnêtes, en sa souvenance et perpétuelle mémoire, tant en la ville de Rouen qu'en autres lieux du royaume ». Il paraît donc probable que nous sommes en présence d'une de ces Croix.

On entre à Poissy par une interminable Grande Rue, dite Rue de Paris, qui se prolonge jusqu'à la Seine, mais qui, comme le reste de la ville, n'a rien gardé malheureusement de ses maisons anciennes, ni aucun cachet du passé. Poissy, pourtant, avait dès le IXe siècle une certaine importance, puisque Charles le Chauve y tint, en 863, une Assemblée des Prélats et des Grands de son royaume. Les Rois de France y eurent longtemps un palais où, en 1215, de Louis VIII Cœur de Lion et de Blanche de Castille, naquit Saint Louis, qui se plaira souvent à signer « Louis de Poissy ». Ce palais fut, semble-t-il, démoli par Charles V, en 1367. La petite ville était encerclée de murailles, mais cette défense ne l'empêcha pas d'être, maintes fois, emportée d'assaut, pillée et brûlée.

L'ÉGLISE NOTRE-DAME a survécu cependant, et c'est un intéressant monument, roman et gothique, dont les parties les plus anciennes, clocher central, nef, chœur et chapelles du chœur, datent du XIe siècle. Des reconstructions diverses sont modernes. L'église, isolée au milieu de la Place Saint-Louis, n'a pas de façade, à proprement parler. Les dernières travées de la nef se butent à une haute Tour, du style roman, du XIIe siècle, terminée par un Clocher de pierre pyramidal, à huit pans. Cette tour, qui s'était écroulée, a été en partie rebâtie vers le XVIIe siècle. Tout l'intérêt se reporte au flanc Sud de l'édifice, d'où s'avance un Porche magnifique, du XVIe siècle et du style flamboyant, avec deux Portails et deux Portes intérieures, qu'encadre une dentelle de pierre. Parmi les sculptures, on remarque un Vase d'où sort un lys, et deux

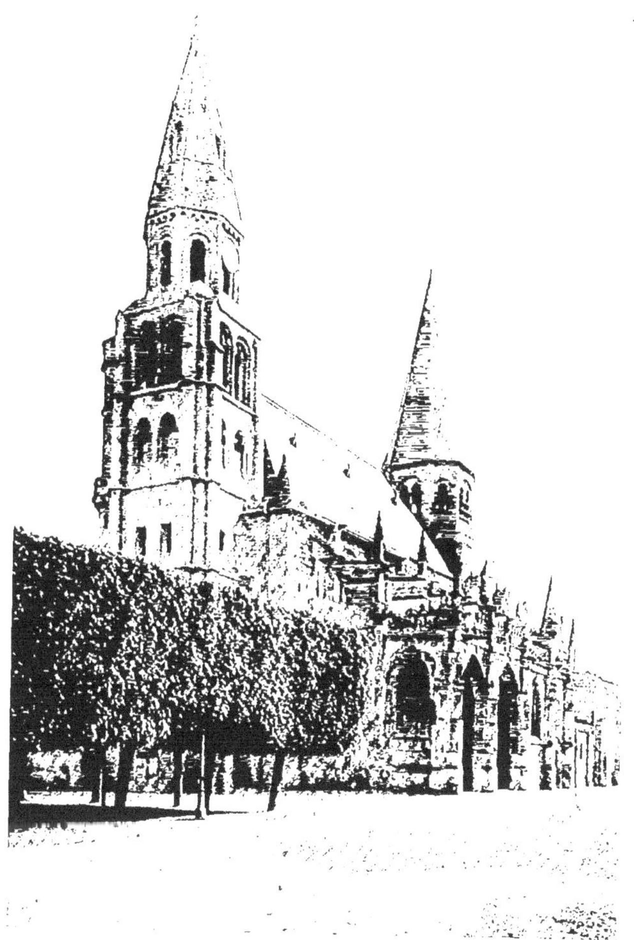
Photo Cosson.

Église Notre-Dame de Poissy (Flanc Sud).

statues du Christ et de Saint Jean, avec des restes de peinture. Les vantaux des deux portes sont anciens et leur bois effrité tout à fait vénérable. Un balcon surmonte le porche. Un peu plus loin, on trouve une petite Porte romane, avec ornementation en dents de scie, et un Clocheton roman, en pyramide. L'Abside a été extérieurement reconstruite, au début du XIXe siècle, dans un style roman approximatif. Elle est dominée par la belle Tour romane, du XIe siècle, dont le carré du chœur porte la masse puissante, terminée par une pyramide octogonale, à pointe suraiguë, d'un style très pur. Cette tour, une des plus parfaites du genre, est la partie la plus ancienne de l'édifice et aussi la mieux conservée, tellement la construction en a été habile et soignée. Les pierres de la pyramide n'ont pas, après neuf siècles écoulés, une seule crevasse, et les joints en sont si excellemment ajustés que, sous la patine grise, presque métallique, qui la recouvre, le clocher semble fait d'un bloc monolithe. Le flanc Nord de l'église a des Chapelles du gothique flamboyant, avec pinacles à crochets et gargouilles, et a été restauré, de 1846 à 1849, par Viollet-le-Duc, qui a également remis en état l'ensemble du monument. — Intérieurement, l'église est longue de soixante-sept mètres, large de trente-trois. Les hautes et sveltes voûtes de la nef et du chœur, soutenues par de longs piliers, qui fu ent du sol d'un seul jet, offrent le plein cintre roman. Les bas côtés sont du gothique flamboyant et ornés de clefs de voûte sculptées. Au bas de la nef, les Orgues sont soutenues par des piliers de pierre. Au bas côté droit, la Chapelle Saint-Barthélemy a de belles boiseries, largement sculptées, du XVIIe siècle, et un tableau de même époque figurant le Martyre du Saint. Du même côté, la Chapelle Saint-Louis, la première du pourtour du chœur, a conservé les vieux Fonts Baptismaux romans, où la tradition rapporte que fut baptisé Saint

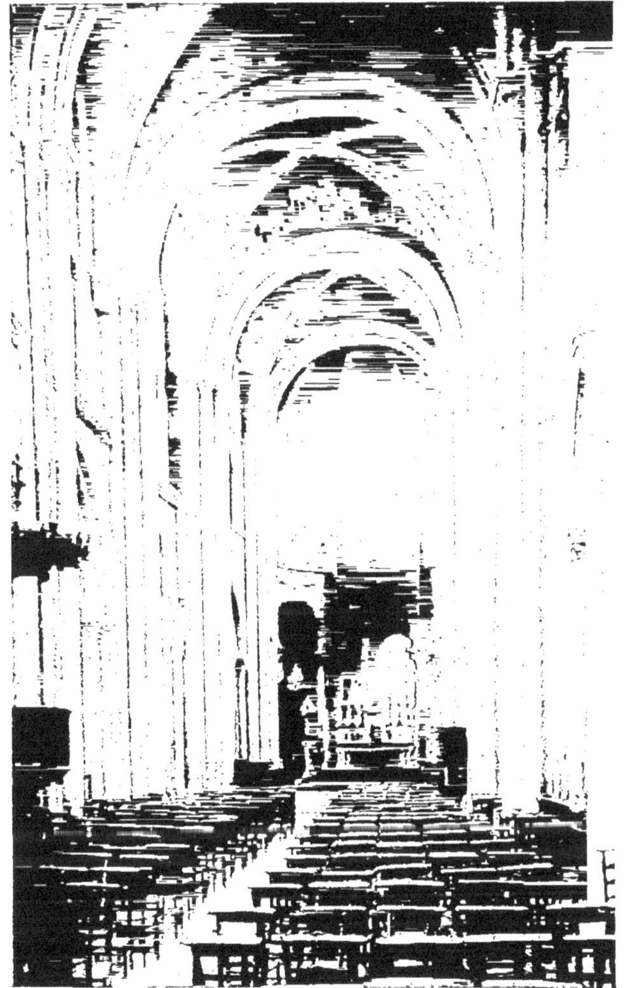

Photo N. D.

Intérieur de l'Église Notre-Dame.

Louis. Une Inscription scellée dans le mur s'exprime ainsi : « *En l'an 1507, on lisait sur le panneau d'un vitrail : Saint Louis fut un enfant de Poissy et baptisé en la présente église ; les fonts en sont gardés encore ici et honorés comme une relique exquise.* » Ces Fonts, protégés aujourd'hui par une grille de fer forgé, ne sont plus qu'une masse informe. Par un genre de superstition dont, en Bretagne, les autels ou les tombeaux de plus d'un Saint, particulièrement vénérés, voire même certains monuments druidiques, sont encore l'objet, des générations de croyants sont venus gratter la pierre avec un couteau, et à cette poussière qu'ils avalaient ensuite, ils attribuaient la vertu de les guérir de la fièvre. Une jolie statuette de pierre se voit dans la même Chapelle, à gauche de l'autel, et aussi d'innombrables ex-voto en l'honneur de Saint Louis, dont la pieuse pensée n'excuse pas la criarde et malsonnante laideur. A la Chapelle des Fonts Baptismaux, une *Mise au tombeau* à grands personnages, de la fin du XVIe siècle, a gardé, malgré l'effritement du temps et de visibles réfections, la marque du bel art de la Renaissance. Une curieuse pierre tombale, qui est voisine, relate le cas tragique d'un habitant de Poissy, qui faillit être, une première fois, enseveli vivant.

A quelques minutes de l'Église, un bâtiment pittoresque, des XVe et XVIe siècles, à demi enveloppé de lierre, au grand toit de tuiles brunes, et flanqué de deux grosses tours en poivrière, est tout ce qui demeure de l'ancienne et célèbre ABBAYE de Poissy. Elle fut fondée en 1304, par Philippe le Bel, petit-fils de Saint Louis, en place d'un précédent monastère de l'Ordre de Saint-Augustin, et confiée à des Dominicains. Huit Princesses de sang royal y prononcèrent leurs vœux et y portèrent le voile. En 1441, l'Abbaye avait été pillée et aux trois quarts détruite par les Anglais. Mais elle répara promptement ses ruines, et c'est dans son Réfectoire, aux voûtes ogi-

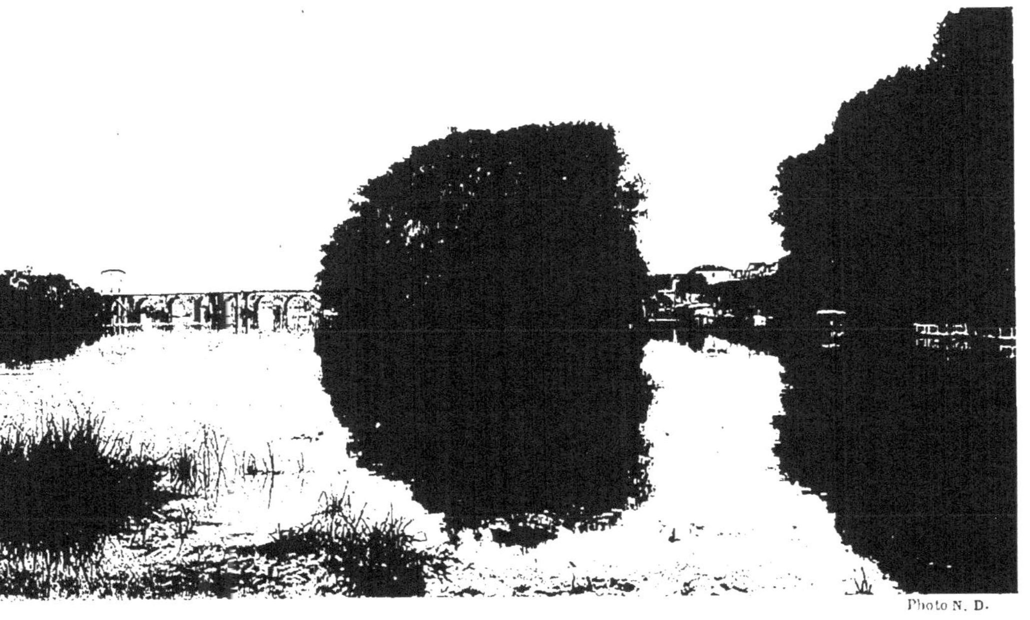

Photo N. D.

La Seine au Pont de Poissy.

vales, long de cinquante mètres et large de douze, « le plus beau qui soit en aucun monastère », lit-on dans un manuscrit contemporain, que se tint, du 9 septembre au 25 novembre 1561, le fameux « Colloque de Poissy ». Afin de tenter d'enrayer la guerre civile, qui paraissait imminente entre huguenots et catholiques, le chancelier Michel de l'Hospital fit approuver par Catherine de Médicis, qui régnait sous le nom de Charles IX, âgé de onze ans, la convocation d'une Assemblée solennelle où les doctrines ennemies seraient librement exposées et débattues. Ce fut à Poissy que siégea cette sorte de Concile, qui réunit le Légat du Pape, seize Cardinaux, quarante Évêques, le Général des Jésuites et de nombreux docteurs et théologiens. La discussion, d'abord courtoise, dégénéra en disputes violentes et les adversaires se séparèrent plus ennemis qu'ils n'étaient venus. Les temps n'étaient pas encore révolus, dans l'un ni dans l'autre camp, pour ces idées de tolérance, de modération et d'équité auxquelles Catherine avait trop précocement fait appel.

De l'Abbaye, dont le domaine, avec son parc, ses cultures et ses viviers, était encerclé d'un mur de douze kilomètres, dépendait une magnifique Église abbatiale, dédiée à Saint Louis, et qui resta debout jusqu'en 1802. Du style gothique, elle avait été commencée, comme l'Abbaye, par Philippe le Bel, vers 1304, sur l'emplacement de l'ancien palais royal, et le maître-autel passait pour avoir été élevé à l'endroit même où se trouvait le lit de Blanche de Castille, la « Reine Blanche », lorsqu'elle enfanta Saint Louis. Longue de quatre-vingt-quinze mètres, large de quarante-cinq et haute de trente-neuf à la voûte, elle abritait de nombreux Tombeaux, parmi lesquels celui de Philippe le Bel, de la Reine Constance, seconde femme de Robert le Pieux, et d'Agnès de Méranie, seconde femme de Philippe Auguste. Le Trésor, qui était

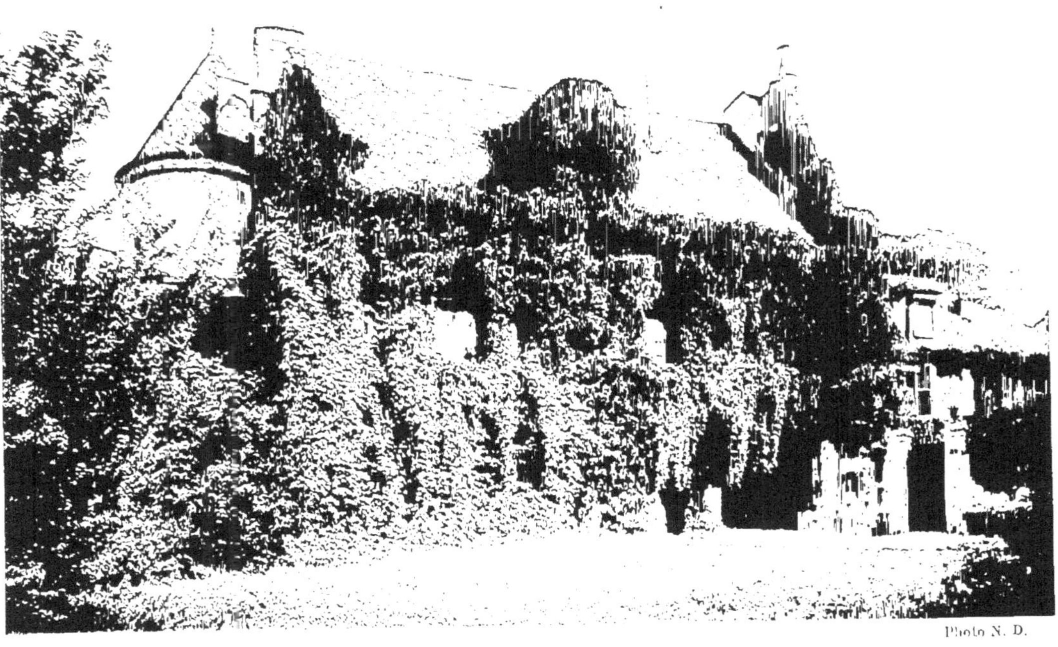

Photo N. D.

Restes de l'ancienne Abbaye de Poissy.

fort riche, possédait parmi ses reliques le maxillaire supérieur de Saint Louis. Cette église avait été, lors de la Révolution, vendue ainsi que l'Abbaye, comme Bien National. En 1802, son possesseur offrit à la ville de Poissy de la lui revendre. L'offre ayant été déclinée, elle fut mise en adjudication, et démolie sans plus. Il n'en demeure que quelques murs et des débris d'arcades gothiques, à l'extrémité de ce qu'on appelle l'*Enclos de l'Abbaye*.

Ce que le vandalisme des hommes n'a pu ravir encore à Poissy, c'est la beauté de son site, dans la vallée de la Seine, qui y coule, large et lente, dans un archipel d'îles et d'îlots, ombragés d'arbres démesurés. Ces véritables cathédrales de verdure baignent dans le fleuve le pied de leurs piliers et le recouvrent de leurs arceaux. Des prairies aquatiques, non moins drues et verdoyantes, dont les longs rubans flottent au fil de l'eau, des taillis et des jungles de joncs lisses et de glauques roseaux, empanachés de plumets bruns, constituent pour le poisson, dans la fraîcheur de l'eau, un paradis délicieux, où il abonde. Grassement nourri, il y nargue souvent le pêcheur, attentif en vain à son hameçon, sous un saule argenté. Mais les barques et les filets sont là, pour ramener à la rive et à la poêle, qui n'est point loin, les frétillantes fritures écailleuses. Aussi bien, nom oblige, et c'est aux poissons que Poissy (en latin *Pisciacum, Poissiacum*) doit le sien. Les Armes de la ville sont d'azur, avec un Poisson d'argent et une Fleur de lys d'or.

Un grand Pont du XIIIe siècle, que Saint Louis passe pour avoir construit, est jeté sur la Seine. Il comptait autrefois trente-sept arches de pierre, d'égale longueur. Durant les guerres de la Ligue, le duc de Mayenne fit sauter trois d'entre elles, pour couper à l'armée royale le passage du fleuve. On compte aujourd'hui seize arches de pierre et une autre en fonte, qui est d'envergure suffisante pour ne point gêner la navigation des remorqueurs et des péniches. Reconstruites à diverses époques, elles s'appuient, presque toutes, sur les anciennes piles, dont on voit encore les avant-becs triangulaires opposés au courant. Vers le milieu du pont, en bordure de la chaussée, un vieux moulin, dit « Moulin de la Reine Blanche », était suspendu au-dessus du fleuve, qui en faisait tourner l'énorme roue à palettes. Des pilotis de chêne le portaient. Il a été détruit, après bien des siècles, au cours de l'inondation de 1910, et seules quelques poutres, impressionnantes encore de robustesse, émergent de l'eau.

Du Pont de Poissy, on voit la vallée s'appuyer à gauche, vers Vilennes et vers Médan, à des collines boisées qui atteignent quatre-vingt-dix mètres d'altitude. Leurs pentes enserrent étroitement la berge de la Seine, ne laissant place qu'à la route de Meulan et à la voie ferrée de Normandie. Vers la droite, Carrières-sous-Poissy et Chanteloup s'étagent, au loin, en terrain découvert, planté de vignes, sur un haut promontoire qui élève à cent soixante-dix mètres son faîte couronné de bois. C'est un des plus beaux paysages de cette Ile-de-France, qui fut le berceau de la France.

MAISONS

Le Château du Val et Carrières-sous-Bois. — René de Longueil fait construire par François Mansart le Château de Maisons. — Voltaire est l'hôte de Maisons et y met involontairement le feu. — Le Comte d'Artois acquiert le Château. — Le Maréchal Lannes et le banquier Laffitte. — Les Appartements en leur état actuel et le Musée.

La distance est la même, six kilomètres, dans une direction opposée, de Saint-Germain à Maisons-Laffitte que de Saint-Germain à Poissy. La promenade est agréable, soit par les chemins de bois de la forêt ombreuse, soit en suivant vers le Nord la vallée de la Seine, que l'on domine.

Il faut alors gagner d'abord l'extrémité de la Terrasse. Puis, passant la Grille Royale, on fait un petit crochet en forêt vers le *Château du Val*, dont la façade blanche se cache sous de grands arbres touffus, à l'amorce d'un vallon profond. Il n'y eut là, à l'origine, qu'une simple maison de jardinier et le « Potager du Roi », qui fournissait fruits et légumes à la table d'Henri IV, à Saint-Germain, et des fleurs pour les appartements. Louis XIII y avait un petit Parc et un Pavillon pour la Collation, dit la « Maison du Val », où le Roi et sa suite avaient coutume de s'arrêter en revenant de la chasse. En 1676, Louis XIV ordonna de reconstruire ce Pavillon, qui lui était un but de promenade, et le fit richement décorer et meubler. Il est vraisemblable que Mansart fut l'architecte. Le Hongre et Des Jardins travaillèrent aux sculptures. Il y avait Salle des Gardes, plusieurs Chambres à l'usage du Roi,

Salon et quatre Cabinets, l'un carré, l'autre rond, le troisième ovale, le quatrième octogone. Un Moulin, mû par la Seine, Machine de Marly en miniature, montait au sommet du coteau l'eau du fleuve. L'ensemble de la dépense se solda à 379.828 livres, 3 sols, 6 deniers (1.519.312 francs). Le petit Château fut, après Louis XIV, quasiment abandonné. En 1747 seulement, Louis XV, y étant venu, songea à l'offrir à Mme de Pompadour et y fit exécuter divers travaux. L'idée fut ensuite abandonnée. En 1750, la duchesse douairière de Brancas demanda au Roi la jouissance de la propriété, qu'elle repassa, en 1761, au comte et à la comtesse de la Mark. Le prince et la princesse de Beauvau en prirent ensuite possession en 1776 et, pour l'agrandir, ajoutèrent une Aile à la construction primitive. Dans cette calme retraite ils s'aimèrent d'un tendre amour, qui fut célèbre parmi les contemporains. Le prince et la princesse de Poix, après la tourmente révolutionnaire, héritèrent du Château qui demeura dans leur famille jusqu'en 1855, époque où il fut acquis par Mme Fould, belle-sœur du ministre de Napoléon III. Elle y accola une autre Aile. Le Val est aujourd'hui la propriété du comte de Reinach-Cessac, qui nous y a très courtoisement reçus.

Dans le Château, tel qu'il se présente, il est facile de reconnaître les différentes époques de sa construction. Le corps central du rez-de-chaussée est la partie la plus ancienne, celle qui remonte à Louis XIV. Elle a simple et belle allure, avec ses hautes portes-fenêtres cintrées, qui rappellent celles du Grand-Trianon de Versailles, avec ses bustes antiques, posés çà et là sur des consoles. Les deux Ailes, ajoutées au XVIIIe et au XIXe siècle, s'étalent en longueur et ne défigurent pas sensiblement l'allure générale de la construction primitive. Mais, au-dessus du corps central, un architecte en délire est venu superposer, pour Mme Fould, un premier étage, soi-disant dans le style du XVIIe siècle, et que couronne une ligne de mansardes, qui sont bien la plus effroyable chose que l'on puisse imaginer. L'inconscience et le mauvais goût poussés à ce point méritent les galères, et le malheureux Château, ainsi travesti, fait fuir le passant qui l'entrevoit de loin à travers les ramures. Moins malmené, l'intérieur est, par contre, demeuré fort intéressant. Le Grand Salon central, qui était la Chambre de Louis XIV, a subsisté avec ses boiseries, remaniées en partie à la fin du XVIIIe siècle. Le petit Salon Rond, qui est voisin, avec son plafond en coupole, a été remanié pour Louis XV. Il a conservé ses sculptures et ses bas-reliefs de stuc, figurant des Amours avec des Torches et, ce qui déroute davantage au premier abord, des Aigles aux ailes éployées. L'Aigle, roi des oiseaux, était le symbole du Roi. Cet emblème se retrouvait également à Versailles, dans les Jardins du Petit-Trianon, au centre du plafond du charmant Pavillon de Musique, construit par Gabriel, et d'où il a disparu.

Le Parc, entièrement remanié pour Mme Fould, par le jardinier Varé, dans le style paysager du Second Empire, a perdu ses anciens bosquets à la française, ses charmilles et ses allées majestueuses de marronniers et de tilleuls. Mais, avec ses pelouses ondulées et ses bosquets d'arbres, il ne manque pas de grandeur. Le site surtout est admirable, de ce large vallon, appuyé en arrière à la forêt et qui fuit au loin vers la Seine, en une large crevasse de lumière, encadrée de pentes boisées. Il semble que l'on y soit au bout du monde. C'est, de toute la Forêt de Saint-Germain, le décor le plus pittoresque à la fois et le plus ignoré, dans le silence des vastes murs qui l'enclosent.

Dans un petit Chalet tarabiscoté, en bûches et en ciment, qui existe encore dans le parc, Émile de Girardin reçut l'hospitalité de Mme Fould. Il y écrivit le *Supplice d'une Femme*.

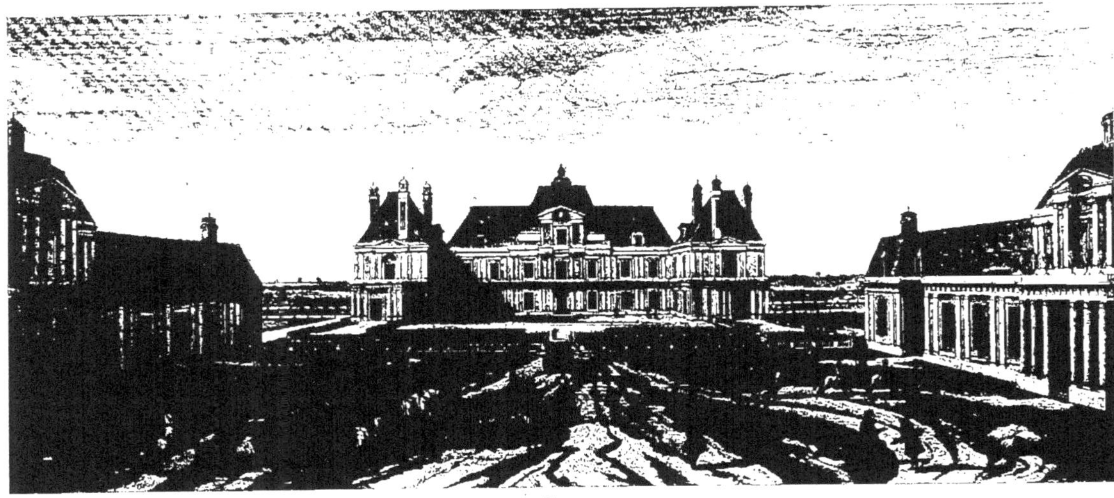

Château de Maisons, dans son état ancien, du côté de la Cour d'Honneur.

A droite et à gauche, les deux bâtiments, aujourd'hui détruits, qui renfermaient les Communs et les Ecuries. (*Estampe de J. Rigaud.*)

La route, longeant le mur extérieur du Château du Val, descend vers le village de *Carrières-sous-Bois*, qui a conservé des restes de son ancien Château, de pierre et brique, où François Ier abritait ses équipages de chasse à courre. Henri II et Catherine de Médicis y logèrent plusieurs fois, durant les travaux d'achèvement du Château de Saint-Germain, exécutés de 1535 à 1547. Sous Louis XIV, Mlle de La Vallière possédait, au bord de la Seine, une petite installation balnéaire.

On laisse ensuite à sa gauche, à mi-chemin entre Carrières et Maisons, le gentil village de Mesnil-le-Roi, où est né le grammairien Littré (1801-1881), et qui possède une calme et campagnarde petite église gothique.

Le CHATEAU DE MAISONS fut bâti de 1642 à 1651, par François Mansart, grand-oncle de J.-H. Mansart, pour René de Longueil, Président à Mortier au Parlement de Paris.

La famille des Longueil, originaire de Normandie, était fort ancienne. Un des premiers du nom passe pour avoir, en 1066, accompagné Guillaume le Bâtard à la conquête de l'Angleterre, comme Chevalier banneret. En 1269, un Guillaume de Longueil aurait été Chambellan de Charles de France, roi de Sicile. Un autre Guillaume de Longueil fut, en Normandie, Receveur de la vicomté d'Auge. Jean, son petit-fils, acquit, vers 1390, la terre de Maisons et fut le premier à en porter le titre. Il vint habiter Paris, fut Conseiller, puis Président du Parlement, et mourut en 1430. Deux siècles plus tard, René de Longueil eut l'esprit d'attacher sa fortune à celle du Cardinal de Richelieu, qui l'en récompensa. De Conseiller au Parlement, il devenait en 1618, à vingt-deux ou vingt-quatre ans, Conseiller au Grand Conseil, puis Prési-

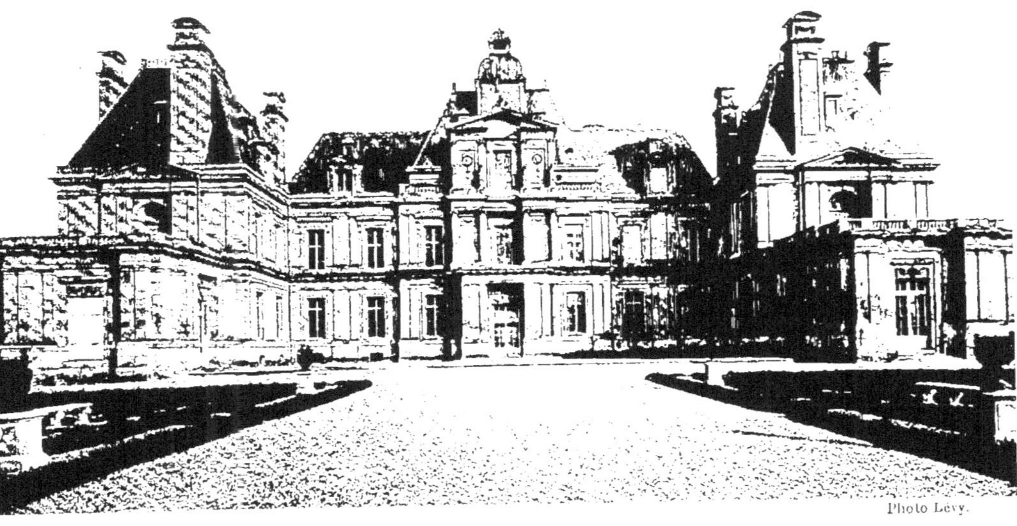

Photo Lévy.

Château de Maisons : Façade sur la Cour d'Honneur.

dent à la Cour des Aides en 1620 et Président à Mortier en 1642, l'année même de la mort du Cardinal. Ses portraits nous le montrent avec une opulente chevelure frisée, la moustache et la barbiche de l'époque Louis XIII. Ses biens étaient considérables et il les avait, semble-t-il, savamment arrondis dans l'exercice de ses fonctions. C'était ce qu'on appelait un bel esprit, joyeux vivant, aimant la table et le plaisir. Un homme de goût au demeurant. Il avait peu à peu complété son domaine de Maisons, en achetant d'abord, à petit bruit et à bon compte, les propriétés y attenant. Mais les gens, bientôt, découvrirent le pot aux roses et il dut délier largement les cordons de sa bourse. Ce qu'il fit d'ailleurs de bonne grâce, n'étant point avare de sa nature. Puis il abattit l'ancienne maison seigneuriale et demanda à l'illustre architecte François Mansart de lui construire un nouveau château.

François Mansart était un homme difficile envers lui-même et, pour son art, d'une conscience rare. Comme le peintre qui gratte sa toile et recommence le tableau qu'il a manqué, il faisait jeter bas ce qu'il avait construit, s'il en était mécontent. Ses plans n'étaient que de simples projets et portaient tous, à la sanguine, à l'encre ou au crayon, le tracé de deux ou trois pensées différentes. « Il voulait, dit Charles Perrault, se conserver le pouvoir de toujours mieux faire. » Les trois quarts des gens pour qui il travaillait étaient tout ébahis de cette façon d'opérer, et en levaient les bras au ciel, effarés. C'est ainsi qu'Anne d'Autriche lui retira la direction des travaux du Val-de-Grâce, alors que les murs n'étaient encore élevés que de neuf pieds. René de Longueil fut plus libéral. Il donna carte blanche à l'architecte qui, en effet, démolit l'Aile droite du Château, à peine était-elle achevée, pour la reconstruire autrement.

Autrefois encerclé de Fossés, dont une partie a disparu,

le Château de Maisons est une des belles œuvres de l'architecture française. Admirablement équilibré dans ses lignes, sobre et élégant à la fois, l'ornement sculptural étant toujours posé là où il doit être et sans excès, il marque la transition entre l'art de la Renaissance et le futur style Louis XIV. A l'art de l'Italie il emprunte ses frontons triangulaires, à l'Antique, et ses entablements de colonnes doriques. De notre architecture nationale il conserve les hauts corps de cheminées et les grands toits. La pierre de taille est seule employée, à l'exclusion complète de la brique, et, pour que les arêtes soient plus nettes, les lignes plus pures, pour une meilleure résistance aussi à l'effritement du temps, Mansart, refusant le calcaire trop friable des carrières avoisinantes, a exigé de faire venir de Creil, par la voie d'eau, la pierre dont il s'est servi.

Le Château compte deux étages, d'égale importance, un rez-de-chaussée et un premier, que surmontent les lucarnes du toit. Le pavillon central est surmonté d'un Belvédère, qui domine l'ensemble de l'édifice. La Face Principale regarde vers la Seine. Un Pont de pierre incliné, avec des marches, est jeté sur le Fossé. Sur l'Arrière-Face s'allongent deux Ailes, en retour d'équerre, qui encadrent la Cour d'Honneur et se terminent par deux petites Terrasses. Les caves sont belles et profondes, et des souterrains en rayonnent, où la badauderie populaire voyait encore, il y a cinquante ans, des « oubliettes ». Elles servaient tout bonnement aux canalisations d'eau pour les fontaines et les bassins du parc.

Lorsqu'il fut achevé, le Château fut l'objet de l'admiration générale et le bruit courut que, pour le payer, René de Longueil, devenu « Monsieur de Maisons », avait fort à point, dans un caveau de sa maison de Paris, située rue des Prouvaires, découvert un trésor de quarante mille pièces d'or, datant de Charles IX. Les méchantes langues affirmèrent que l'argent provenait des menus bénéfices réalisés par le Président dans l'exercice de ses fonctions. Car Monsieur de Maisons, d'abord disgrâcié à la mort de Richelieu, s'était habilement faufilé, entre le Parlement et la Cour, dans les bonnes grâces de Mazarin et de Gaston d'Orléans, et avait été nommé, en 1650, Surintendant des Finances, charge qu'en réalité il ne conserva que pendant un an. Il avait également obtenu la charge de Gouverneur de Versailles et avait acheté de Claude de Saint-Simon, en 1645, la Capitainerie de Saint-Germain.

Le Château de Maisons fut officiellement inauguré, vers la mi-avril 1651, par un magnifique « régal », comme dit la *Muse Historique* de Loret, offert à la Reine-Mère, Anne d'Autriche, et au jeune Louis XIV, âgé de treize ans. Il y eut, selon l'usage, force « ragoûts précieux » et « sauces friandes », profusion de fleurs, tant sur les tables que disposées dans des corbeilles, sur le passage du Roi, « dix-huit cents pièces de gibier », sans compter les viandes et la volaille, « cinq cents pains mollets », et « des massepains en obélisques ». Chacun y but comme une éponge, « *tanquam sponsus* », et cent cinquante-quatre bouteilles étanchèrent les soifs. Les invités, par surcroît, « remplirent leurs poches » de ce qu'ils n'avaient pas mangé. Il y eut un premier « régal », le mardi, et on recommença le jeudi. Le Président était seul à faire les honneurs de sa table, car Mme de Longueil, qu'il avait épousée lorsqu'elle avait treize ans, et qui avait mis au monde son premier-né à quatorze ans, était morte dès 1636, à vingt-six ans. Il ne s'était jamais remarié.

Le 9 juillet 1671, suivi de toute la Cour, Louis XIV vint coucher à Maisons, avec Marie-Thérèse, un de leurs enfants, le petit duc d'Anjou, étant alors à l'agonie. Le Roi « ne voulut point, dit Mlle de Montpensier, se trouver à Saint-Germain

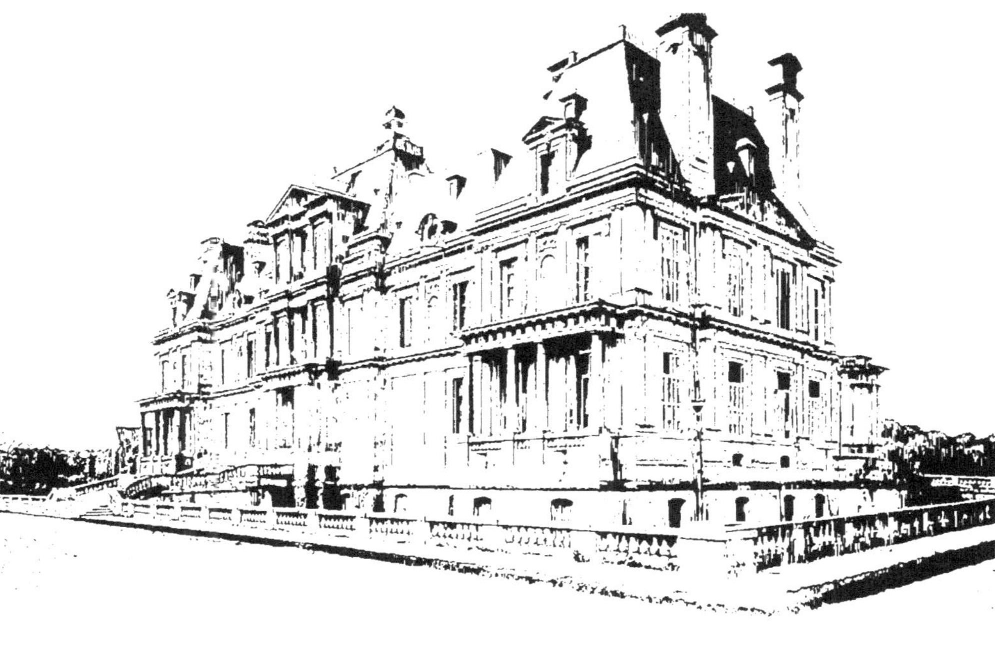

Photo N. D.

Château de Maisons : Façade du côté de la Seine.

lorsque cette mort arriverait ». L'enfant royal expira le lendemain et la nouvelle en fut apportée à Mlle de Montpensier « par un fou que la Reine avait, nommé Tricomini ».

Quant à René de Longueil, pour qui la seigneurie de Maisons avait été érigée en marquisat, en 1658, il mourut en 1677, à quatre-vingts ans passés, et fut enseveli à Paris, dans la chapelle du Couvent des Cordeliers, qui se trouvait sur l'emplacement de la Place de l'École de Médecine actuelle.

Jean de Longueil hérita de la charge de Président, et du Château, qui ne subit point de remaniements importants. Il mourut octogénaire, comme son père, en 1705. Son fils, Claude de Longueil, Président à Mortier ainsi que son père et son grand-père, épousa, après un premier mariage, la sœur aînée de la Maréchale de Villars, qui avait « la taille belle et une beauté romaine », dit Saint-Simon, mais trop d'embonpoint. Lui-même « était un grand homme, de fort belle représentation, de beaucoup d'esprit, de sens, de vues et d'ambition ». Il était bien en cour et sut mettre à la mode, pour les courtisans, de venir de Marly dîner (c'est-à-dire déjeûner) à Maisons. On lui rendait ses politesses quand il venait à Marly ou à Versailles, et Louis XIV avait toujours pour lui une parole aimable. Cependant le Grand Roi vieillissait et la question se posait de sa succession au trône. Claude de Longueil prit ouvertement parti pour Philippe d'Orléans, comme Régent éventuel, contre les bâtards légitimés de Mme de Montespan. Il ourdit en sa faveur une trame savante et ténébreuse, que nous a contée tout au long Saint-Simon. Mais une crise intestinale l'emporta soudain, à quarante-huit ans, en août 1715, un mois environ avant la mort de Louis XIV.

Son fils, Jean-René de Longueil, n'avait encore que quinze ans. Mais c'était un enfant précoce qui, à douze ans, commentait déjà les poètes latins, qui se passionnait à quatorze ans pour la physique, et qui posséda si rapidement le Code et les lois qu'à dix-huit ans il siégeait déjà au Parlement et y était tenu en grande considération. Il était, comme son père, dit Saint-Simon, qui, on le sait, n'aimait point le Parlement : « homme du monde et parfaitement décrassé des fatuités de la Présidence et du langage de la robe ». Mais, dédaignant la politique, il s'adonna tout entier à la science et installa, au Château de Maisons, un Jardin Botanique, où il réussit à faire mûrir du café, un Laboratoire de Chimie, où il produisit pour l'industrie un excellent bleu de Prusse, un Cabinet de Physique, où il répéta les expériences de Newton sur la lumière. En 1726, il était nommé membre honoraire de l'Académie des Sciences, qu'il présida en 1730. Il réunit autour de lui une société de savants, de lettrés et de philosophes, d'où les femmes n'étaient pas exclues. C'est devant ce cénacle, dont il était un des plus brillants fleurons, que Voltaire lut successivement tous les Chants de sa *Henriade*. Il était fort amoureux de la jeune tante de son hôte, Mme de Villars la cadette, près de laquelle, il nous l'a conté lui-même, il perdit beaucoup de temps à soupirer. Il avait sa chambre au Château et il y pouvait venir autant qu'il lui plaisait. En 1723 (il avait alors vingt-neuf ans), le 4 novembre, il tomba malade à Maisons, de la petite vérole. Bien soigné, il en guérit, et put être en état de se faire transporter à Paris, le 1er décembre. « Mais, écrit-il, à peine suis-je à deux cents pas du Château qu'une partie du plancher de la chambre où j'avais été, tombe tout enflammée. Les chambres voisines, les appartements qui étaient au-dessous, les meubles précieux dont ils étaient ornés, tout fut consumé par le feu. La perte monte à cent mille livres [trois cent mille francs environ], et, sans le secours des pompes qu'on envoya chercher à Paris, un des plus beaux édifices du royaume allait être détruit... Je ne pouvais concevoir comment le feu avait pu prendre si brusquement dans ma chambre, où je n'avais laissé qu'un tison presque éteint. J'appris que la cause de cet

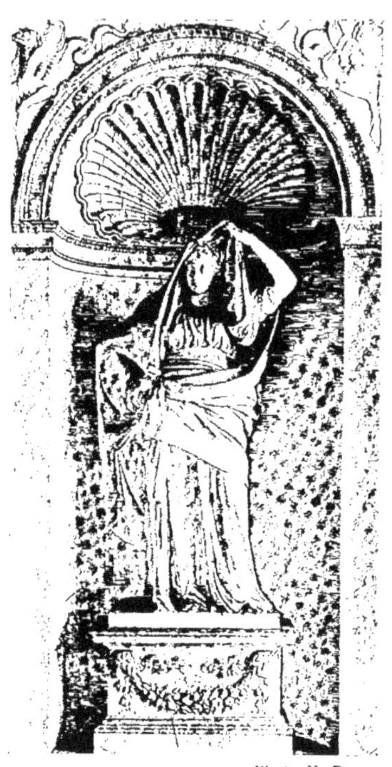

Photo N. D.

Cérès, par Houdon.
(Château de Maisons.)

embrasement était une poutre qui passait précisément sous la cheminée. Elle s'était embrasée peu à peu, par la chaleur de l'âtre, et le feu, qui couvait depuis deux jours, n'éclata qu'un moment après mon départ... Mme et M. de Maisons reçurent la nouvelle plus tranquillement que moi ; leur générosité fut aussi grande que leur perte et que ma douleur. »

Huit ans après, la même maladie fauchait M. de Maisons, à trente et un ans, le 13 septembre 1731. Un fils, qui avait alors six mois, ne survécut que dix-huit mois à son père, et le Châ-

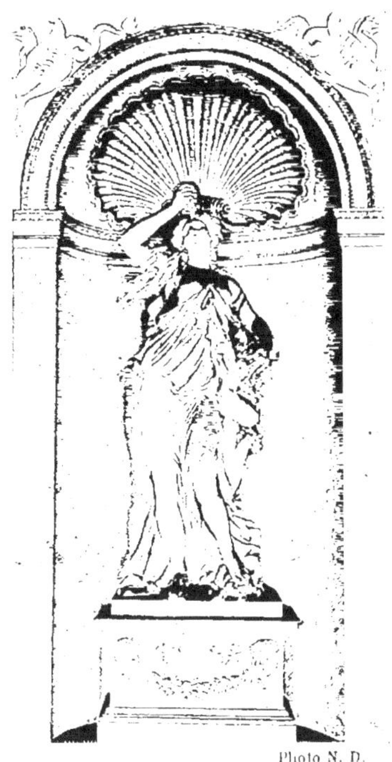

Photo N. D.

L'Automne, par Clodion.
(Château de Maisons.)

teau passa à la branche cadette des Longueil, en la personne de la marquise de la Belleforière.

La marquise était âgée et ne tarda pas à léguer Maisons à un petit-fils, Louis-Armand, marquis de Soyecourt, Maréchal des Camps et Armées du Roi. Il ne semble pas qu'en dépit de ce titre ronflant ce grand seigneur ait jamais beaucoup fréquenté l'armée. Ce qui est certain, c'est qu'il faisait ample

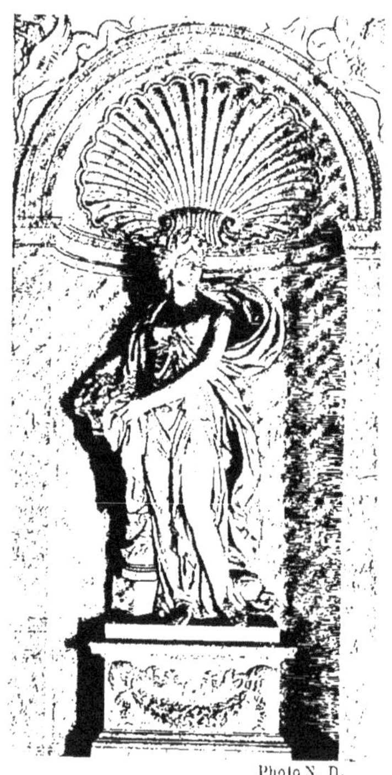

Photo N. D.

Pomone, par Boizot.
(Château de Maisons.)

dépense et en fut finalement réduit à tirer argent de son héritage.

Ce fut d'abord Mme de Pompadour, que possédait le démon d'acquérir ou de se faire construire partout des logis nouveaux, qui sollicita le roi de lui acheter Maisons. Après avoir promis, semble-t-il, Louis XV se ravisa et le projet n'eut pas de suite. Cela se passait en 1747. Louis XV, plusieurs fois d'ailleurs, vint demander l'hospitalité au seigneur du lieu et logea dans la chambre où avait couché

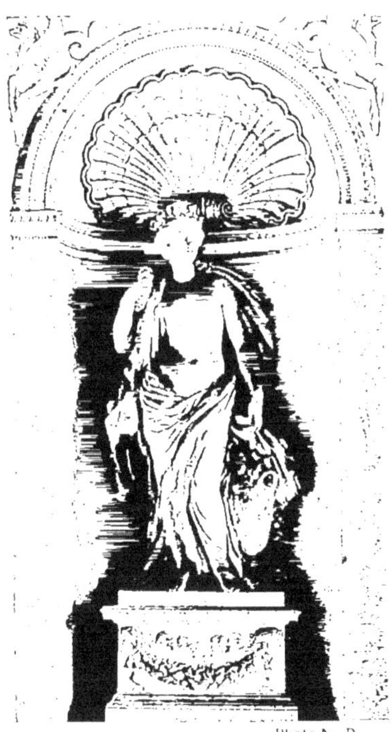

Photo N. D.

Flore, par Foucou.
(Château de Maisons.)

Louis XIV. Après la mort de Mme de Pompadour, c'est Mme du Barry qu'il amena avec lui. Nous trouvons celle-ci séjournant à Maisons en 1770. Le Château lui plaisait et, poussée sans doute par M. de Soyecourt, elle souhaita en devenir propriétaire. Cette fois encore, la vente échoua.

L'affaire réussit avec le Comte d'Artois, frère de Louis XVI.

L'acte de vente fut passé, le 25 février 1777, par devant maître Pot, notaire. La vente était faite au prix de 2.300.000 livres (4.600.000 francs environ) et comprenait, outre la seigneurie de Maisons, celle de Poissy. Le riche mobilier ancien qui meublait le Château, en partie dispersé, n'était compté que pour 41.655 livres (83.310 francs). Le revenu du domaine de Maisons (le moulin sur la Seine ; le lac ; la vente des boutures de saule ; la pêche en Seine ; le droit de péage sur toutes les marchandises transportées par les bateaux qui passaient devant Maisons, etc.) était évalué à 33.427 livres (66.854 francs). Il s'augmenta facilement de quelques milliers de livres par une exploitation plus régulière de la coupe des foins et de celle des arbres.

Le futur Charles X remeubla entièrement le Château, en fit remanier une partie des Appartements à la mode du jour, embellit ses Jardins. Il y dépensa 600.000 livres. D'autre part, Louis XVI ne tarda pas à revendiquer pour la Couronne le domaine de Poissy, comme frauduleusement vendu par le marquis de Soyecourt, et le Comte d'Artois dut payer de ce chef, à son frère, 1.500.000 livres de surplus. On sait que, par contre, il en avait reçu, à titre gracieux, le Château Neuf de Saint-Germain, qu'il avait fait démolir, pour le reconstruire sur de nouveaux plans [1]. Cet imbroglio familial n'était pas encore terminé. Louis XVI demande à son frère de lui céder le Parc de Maisons, pour en agrandir la forêt de Saint-Germain, et en offre 900.000 livres. Le Comte d'Artois, flairant une bonne affaire, déclare qu'il ne vendra pas le Parc sans le Château et, comme Louis XVI assure qu'il n'a que faire de celui-ci, il lui répond qu'il n'a qu'à le raser ! Ce qui prouve, une fois de plus, que le Français a été de tout temps un démo-

(1) Page 38.

lisseur acharné, un destructeur impénitent des legs du passé. Heureusement pour Maisons, la cassette royale, que Marie-Antoinette saignait à blanc, était vide. Le Comte d'Artois dut se résigner à conserver Parc et Château, qu'il continua du reste à embellir, et où il donna des fêtes splendides auxquelles assistèrent Louis XVI et Marie-Antoinette.

Durant la Révolution, Maisons fut mis sous séquestre. La Nation, représentée par le maire et les officiers municipaux du bourg, administre pour son propre compte le bien de « l'émigré Capet » et y mange de l'argent. La vente ne fut cependant décidée que par le Directoire, en 1796, et un fournisseur de la guerre, le sieur Jean Lanchère, devenait possesseur du domaine pour 853.853 francs. Il le conserva durant sept ans, sans rien détruire ; ce dont il convient de le féliciter.

En 1804, le 26 vendémiaire, le maréchal Lannes acquiert, pour 400.000 francs, le Château seul ; il lui adjoint le Parc, peu après. Durant les loisirs que lui laisse la guerre, il se transforme en fermier, organise la culture de la terre et élève des moutons mérinos. Sur les pelouses qui s'étendent entre le Château et la Seine, il plante lui-même des peupliers dans un ordre défini. Chacun des arbres figure un corps de troupe, et leur ensemble représente le plan stratégique d'une des batailles gagnées par le maréchal. Ces peupliers existaient encore en 1858. Lannes est emporté par un boulet, à Essling, en 1809. La maréchale continue d'habiter Maisons et y reçoit de temps à autre la visite de l'Empereur, qui venait chasser aux environs. Il n'existait encore, pour traverser la Seine, qu'un bac, singulièrement incommode. Napoléon, en 1811, ordonna la construction d'un pont de charpente, et décréta celle d'un pont de pierre, qui ne fut exécuté qu'en 1855. C'est le pont actuel, qui a cinq arches.

En 1818, le célèbre et opulent banquier Jacques Laffitte,

qui a, depuis, ajouté son nom à celui du pays, acquit Maisons de Mme de Montebello. Il y exerça une large hospitalité et y reçut les plus ardents adversaires de la Restauration : le général Foy, La Fayette, Benjamin Constant, Mignet, Manuel, Thiers, Arago. Après son expulsion de la Chambre, en 1823, et son retrait de la vie politique, Manuel vint habiter au

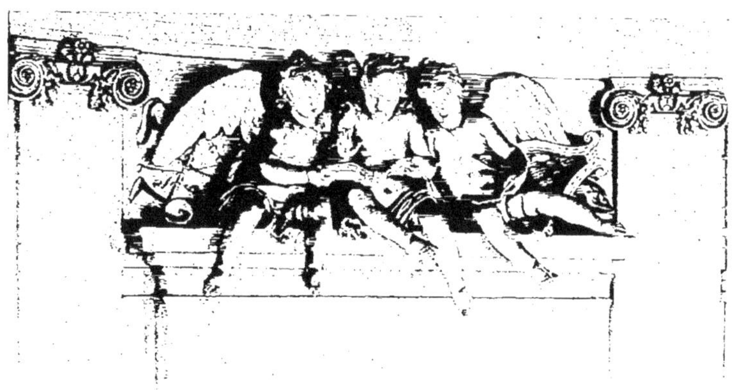

Photo N. D.

Chant et Musique, par Sarrazin et P. de Buyster.
Escalier d'Honneur.

Château, où il mourut, en 1827. Béranger, dans un moment de détresse, y reçut le toit et la table. Mais « ses goûts démocratiques » l'empêchèrent de se trouver à son aise dans cette belle demeure et il se persuada à lui-même qu'il n'y pourrait jamais tourner un couplet. Maintes fois ce brave homme reprocha à Laffitte de s'en être encombré.

Laffitte, au demeurant, était loin d'avoir personnellement l'éducation artistique et le goût raffiné de l'ancien Président de Maisons. Il ne se gêna point pour arracher les boiseries, là où elles demandaient à être réparées, et pour remplacer le bois sculpté par du papier peint. Pis encore, il ordonna de démolir les magnifiques Écuries, élevées par François Mansart, dans le même style que le Château et dont les doubles bâtiments s'allongeaient, avec leurs colonnades, sur l'arrière-face de celui-ci, de chaque côté de l'*Avenue du Château* actuelle. Il n'en subsiste, dans une propriété privée (au numéro 4), que

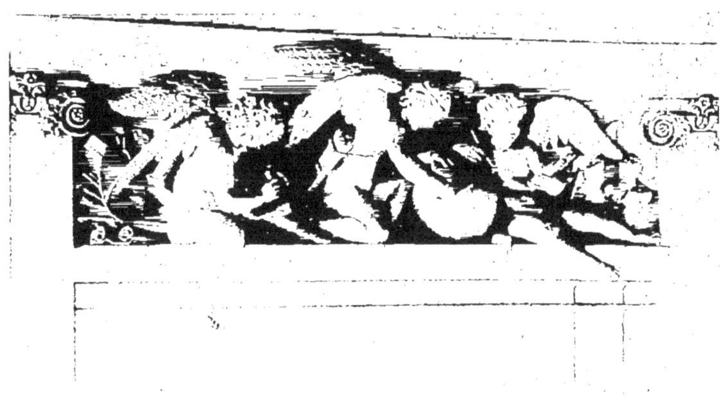

Photo N. D.

Arts et Sciences, par Sarrazin et P. de Buyster.
Escalier d'Honneur.
(Château de Maisons.)

les débris de l'Abreuvoir, qui figurait une Grotte revêtue de rocailles et de coquillages, dans le style de celles de Saint-Germain. On y lit encore la date : 1646. En même temps, il lotit une partie du Parc, où s'élevèrent des villas, sur le dépeçage du terrain. Ce fut une excellente spéculation. Laffitte mourut en 1844. Ses héritiers conservèrent le Château jusqu'en 1849. Ils le vendirent alors à un homme d'affaires, M. Thomas, de Colmar.

La partie du Parc qui avoisinait le Château et qui n'avait

pas été lotie, avait conservé son ancien dessin, à la française, ses quinconces et ses allées majestueuses de marronniers et de tilleuls. M. Thomas mit son parc à la mode et en fit un jardin paysager, biscornu à souhait, avec un lac et un laquet, et des allées en tire-bouchon.

Les lotissements continuèrent durant les dernières années du XIXe siècle. En 1904, un syndicat de Vandales s'apprêtait à acquérir le Château et, afin de laisser le terrain libre pour la construction de nouvelles bicoques, à lui faire subir le sort dont l'avait déjà menacé le Comte d'Artois. Au dernier moment, l'État se décida à faire le geste nécessaire. Il acquit et sauva l'œuvre de François Mansart. Il était temps. Une restauration générale a eu lieu, par les soins de l'architecte Malençon.

***

Extérieurement, le Château a peu souffert et l'aspect qu'il nous offre n'est pas sensiblement différent de celui que connut René de Longueil. Seuls, les grands corps de cheminée qui s'élèvent des toits étaient alors surmontés de vases de pierre, qui ont disparu. Les cascades aussi se sont taries, qui tombaient en nappes de la Terrasse qui court devant la façade, du côté de la Seine. Les Parterres, comme il va de soi, s'étendaient, du même côté, jusqu'au fleuve. De fâcheux premiers plans, d'une propreté souvent douteuse, les ont remplacés. Sur l'arrière-face, la Cour d'Honneur et ses Parterres en broderies de buis sont entourés aujourd'hui d'une magnifique Grille en fer forgé, du XVIIIe siècle, provenant du Château de Mailly, en Picardie. Elle est peinte en bleu de roi, rehaussé d'or. La porte qui s'y ouvre offre, à ses montants, une décoration de pommes de pin, de caducées et de flèches enrubannées ; deux têtes de hallebardes encadrent son fronton.

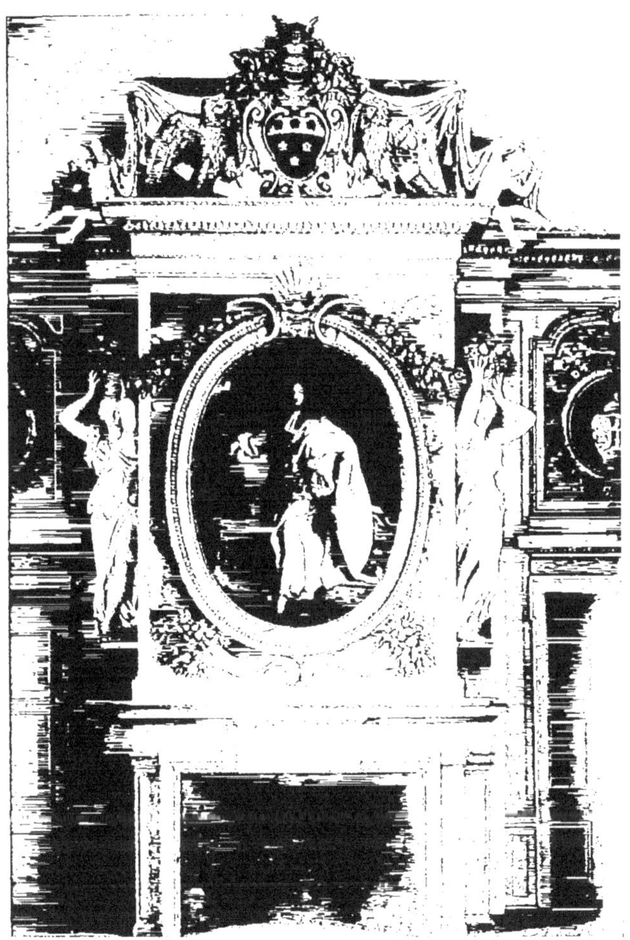

Photo G. B.

Cheminée du Petit Salon de la Galerie,
sculptures par Gilles Guérin : Louis XIV par H. Rigaud. (Château de Maisons.)

Le *Grand Vestibule* du Château, qui en occupe le centre, ainsi que l'*Escalier d'Honneur*, est entièrement en pierre blanche, toute lumineuse, et d'une décoration sobre et harmonieuse. Les quatre compartiments de la voûte sont ornés de bas-reliefs figurant les *Quatre Éléments*, représentés par Jupiter, Junon, Neptune et Cybèle. Jacques Sarrazin en donna le dessin. Aux encoignures, quatre grands Aigles semblent une adjonction de l'époque du Premier Empire, de même que ceux qui sont extérieurement sculptés sur la Façade principale. Le maréchal Lannes, cependant, n'y est pour rien. L'Aigle (*Long œil* ou *Longue aile*) était, pour les Longueil, un de ces symboles figurés, fort en honneur à l'époque. De même Fouquet avait pour emblème un Ecureuil, avec la devise : « *Quo non ascendam?* »; Colbert une Couleuvre, en latin *Coluber;* Louvois un Loup, parce que le « *Loup voit* »*;* les « gruyers », qui étaient des agents forestiers de l'Ancien Régime, une Grue héraldique ; etc. Au faîte de l'Escalier, quatre délicieux groupes d'enfants ailés, exécutés en pierre par Philippe de Buyster, sur esquisse de Sarrazin, sont assis sur une large corniche et représentent : *Chant et Musique ; Arts et Sciences ; Hymen et Amour ; Art de la Guerre.* Ces petits chefs-d'œuvre, d'une exécution parfaite, en même temps que d'une inspiration toute primesautière, sont d'un intérêt capital pour l'art du XVIIe siècle. La jeunesse et la liberté de leur facture n'ont pas encore connu les pompes de Versailles, l'influence alourdissante de l'Italie et l'inflexible règle de Le Brun, qui imposera son despotisme à tous ceux qui travailleront sous ses ordres. Gais et joyeux, ou comiquement graves, jambe de ci, jambe de là, en équilibre sur le vide, ces gentils gamins ignorent le conventionnel et la gêne. A l'époque où ils vinrent au monde, sous le crayon de Sarrazin et le ciseau de Buyster, Louis XIV lui aussi était

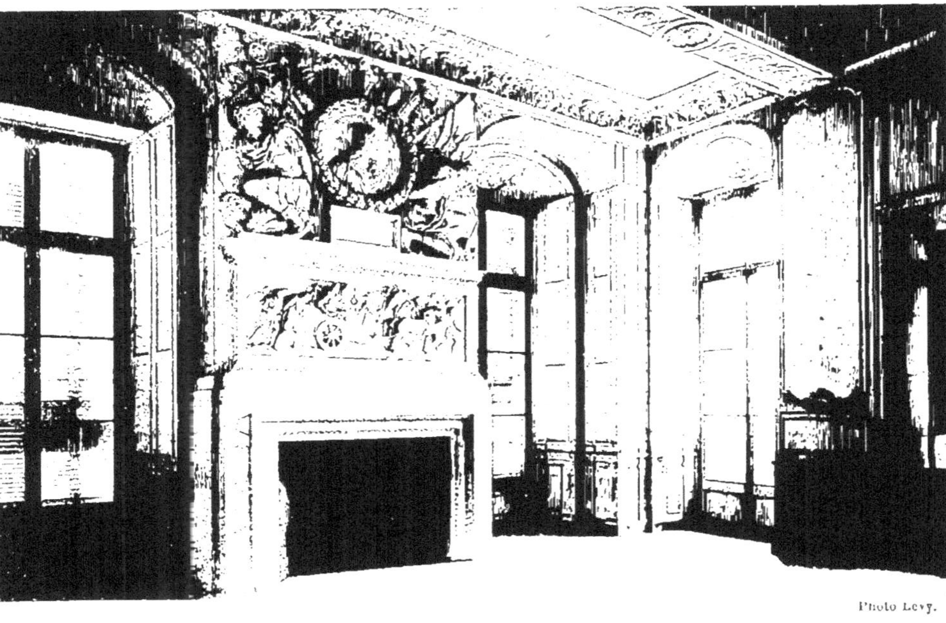

Photo Levy.

Salon d'Angle du Rez-de-Chaussée.

Cheminée ornée de Hauts-reliefs à la gloire de Louis XIII, par Gilles Guérin. (Château de Maisons.)

jeune. Lui aussi « courait, sautait, jouait au palet » dans les parterres de Saint-Germain et les fossés de Versailles. Dans le Vestibule étaient placées les deux célèbres Grilles en fer poli, luisant comme de l'acier, qui ornent aujourd'hui, au Louvre, la Galerie d'Apollon et la Salle des Bronzes antiques. Elles furent exécutées à Maisons même, pour René de Longueil, par deux artistes dont l'un, si l'on en croit la tradition, était Français, l'autre Allemand. Elles passent pour avoir coûté 40.000 écus (120.000 livres, ou 600.000 francs environ). Véritable dentelle métallique, leurs souples filigranes décrivent des rinceaux d'une ténuité merveilleuse, figurant : au panneau supérieur, un Satyre couronné par des Enfants ; aux deux battants, un cartouche ovale, un caducée, des épis de blé et des feuilles de chêne. L'ensemble de l'ornementation est légèrement différent dans les deux grilles, qui furent transportées au Louvre à l'époque de la Révolution.

Au Premier Étage, tout en grandes fenêtres et en lumière, sur ses deux faces, s'étend vers la gauche l'Appartement d'Honneur, qui prit et garda le nom d'*Appartement du Roi*, après que Louis XIV y eût couché, en 1671. Il reçut ensuite Louis XV et Louis XVI. Une vaste Galerie, où l'on festoyait, dansait et collationnait, et où se tenaient, le cas échéant, les Gardes du Roi, a conservé, à l'une de ses extrémités, tout contre le plafond, la curieuse petite Tribune où s'empilaient, tant mal que bien, les musiciens. A son autre bout, une baie cintrée, fermée à sa base par un balustre en bois doré et encadrée de deux portes, précède un Petit Salon, qui correspondait à l'Œil-de-Bœuf de Versailles, et qui a gardé sa Cheminée monumentale. C'est un morceau décoratif de premier ordre, dont la sculpture a été exécutée par Gilles Guérin. Au-dessus de l'entablement du foyer, deux Cornes d'Abondance supportent un grand médaillon ovale (il encadre aujourd'hui

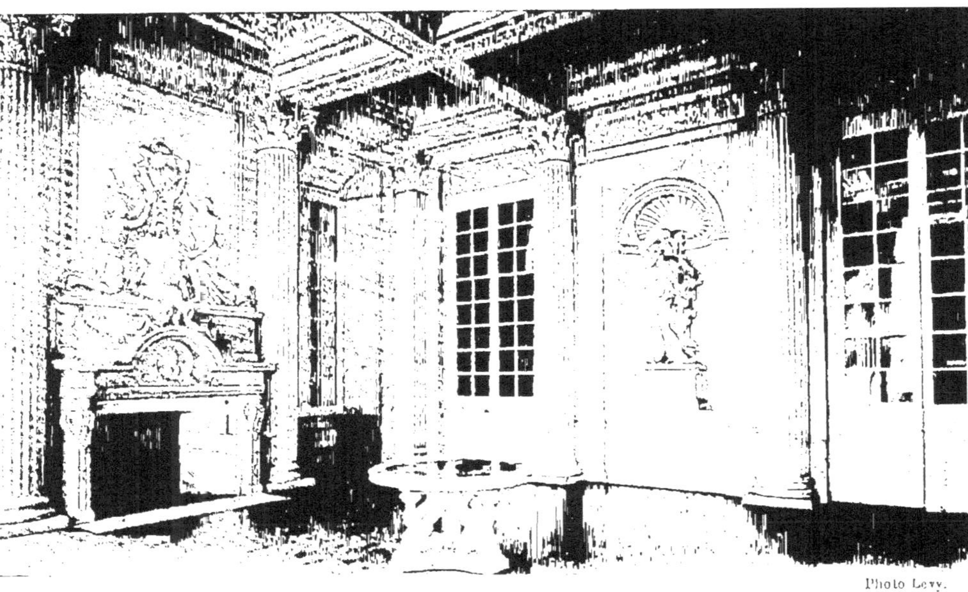

Photo Levy.

Salle à Manger d'Été.

Cheminée sculptée par Lhuillier. (Château de Maisons.)

un Louis XIV, par Rigaud), surmonté d'un Coquille. A droite et à gauche, deux grandes Nymphes à la grecque, en pierre blanche, font, dans leur robe transparente, office de cariatides et, de leurs beaux bras nus, soutiennent légèrement sur leur tête deux corbeilles dorées, chargées de fleurs et de fruits. Au faîte de la Cheminée, deux Aigles encartent le Blason des Longueil, surmonté d'un Casque à cimier, tandis que deux enfants, petits frères sans nul doute de ceux de l'Escalier, soulèvent une draperie, où ils gaminent. La *Chambre du Roi* fait suite. Elle a des boiseries du XVIIIe siècle et l'alcôve royale a été refaite au temps du comte d'Artois. Une autre pièce, dite *Chambre à l'italienne*, offre une coupole décorée de Cariatides. Un curieux *Cabinet de Glaces* circulaire en est voisin. S'il a malheureusement perdu ses glaces, qui se reflétaient à l'infini, les unes dans les autres, et qu'il serait facile de rétablir, il a gardé du moins son curieux parquet de marqueterie, où se mêlent aux bois précieux, diversement colorés, des incrustations d'os et d'étain. Les pilastres qui s'appliquent aux murs et séparaient les glaces sont faits des mêmes matières, et le plafond est orné de fresques.

L'*Appartement de la Reine*, parallèle à l'Appartement du Roi, de l'autre côté de l'Escalier, n'a rien conservé de sa décoration ancienne.

On monte au Second Étage par un petit escalier, ménagé dans l'épaisseur d'un mur, et d'autres escaliers de souffrance le desservent. On y trouve une série de corridors, conduisant à des chambres et à des cabinets où étaient logés les hôtes du Château. La plus intéressante de ces pièces est celle qui porte le nom de *Chambre de Voltaire* et dont l'alcôve profonde est décorée, à son plafond, d'une Danaé. Voltaire a-t-il réellement habité cette chambre, comme le veut la tradition ? Ce n'est pas, en tous cas, celle dont il nous parle et qui a brûlé. Une autre Chambre est celle de La Fayette. Un peu plus haut, le Belvédère, qui domine le Château et éclaire la cage du Grand Escalier, commande une vue magnifique.

Si nous redescendons maintenant au Rez-de-Chaussée, nous y retrouverons l'ancien *Cabinet de Travail* de René de Longueil, avec son plafond allégorique du XVIIe siècle, et un beau *Salon d'Angle*, dont la Cheminée monumentale est décorée de hauts-reliefs, par Gilles Guérin, consacrés à la Gloire de Louis XIII. Le profil osseux du Roi, à l'Antique, occupe le médaillon central, que supportent des Captifs enchaînés. Puis c'est une note toute différente qui nous est donnée, à ce même étage, par une série de pièces dont la décoration fut entièrement renouvelée pour le Comte d'Artois, sous la direction de l'architecte Bellanger, qui éleva « Bagatelle » : *Salle à manger d'Hiver; Salon de Jeu*, orné de stucs, imitant le marbre, et de bas-reliefs où apparaît le Cygne, motif décoratif qui sera si souvent employé dans l'art du Premier Empire; *Salle à manger d'Été*, qui est un des spécimens les plus parfaits de l'art Louis XVI. Entièrement en pierre blanche, elle a un plafond à caissons, porté par des colonnes cannelées, à chapiteau corinthien, qui s'appliquent le long des murs. Les sculptures décoratives, à la Cheminée et aux Dessus de portes, sont de Lhuillier. Dans quatre niches, quatre statues (ce sont les originaux en plâtre ; leur exécution en pierre n'a jamais eu lieu) représentent : *Flore*, par Foucou; *Cérès*, par Houdon; *Pomone*, par Boizot ; *Erigone*, par Clodion. Ces motifs symbolisant les Saisons (le Printemps, l'Été, et pour les deux derniers, l'Automne), si fréquents au XVIIe et au XVIIIe siècle, ont été renouvelés ici d'une façon charmante. Ce ne sont plus des Déesses descendues de l'Olympe et stylisées dans leur nature surhumaine, mais de gracieuses jeunes femmes, au corps souple, en qui frissonne la vie. La plus sévère d'entre elles est la Cérès de Houdon qui, comme Isis, lentement soulève son voile.

Entièrement vide lorsque l'État l'a racheté, le Château de Maisons a reçu quelques beaux meubles et des tableaux de l'époque Louis XIII, qui rappellent ceux que connut René de Longueil. D'autres, de style Empire, nous remémorent le passage du maréchal Lannes. D'autres encore nous amènent, avec moins d'art, à Laffitte et à la société de 1830.

Proche du Château, vers la droite en regardant la Seine, on aperçoit l'ancienne et pittoresque Église paroissiale, du xve siècle, simple et robuste, avec son petit clocher paysan, autour de laquelle se forma le village de Maisons. Mais un pays devenu si mondain et qui, par surcroît, possède un champ de courses, ne pouvait continuer à venir prier Dieu sous ces antiques arceaux gothiques. Une église neuve a été construite, reluisante à souhait, et la vieille église a reçu la pompe à incendie.

MARLY-LE-ROI

Louis XIV et son « ermitage » de Marly. — L'Abreuvoir. — L'ancien Parc. — Splendeurs disparues. — Le bourg de Marly-le-Roi. — Louveciennes, le Château Du Barry et l'Aqueduc.

A mi-chemin, à peu près, entre Versailles et Saint-Germain, Louis XIV s'était ménagé, au faîte d'un haut vallon boisé qui s'ouvre vers la Seine, qu'il domine, un « ermitage », comme dit Saint-Simon, qui n'avait rien assurément de l'humble retraite d'un ermite chrétien des premiers âges, mais où la vie de parade se détendait, où la verdure primait la pierre, où les jardins l'emportaient en importance sur la demeure.

Les premiers défrichements de Marly commencèrent en 1679, c'est-à-dire un peu avant que Louis XIV eût définitivement abandonné Saint-Germain pour Versailles. Les travaux peuvent se classer en deux périodes : l'une qui va jusqu'en 1686 ; la seconde qui reprit en 1696 et ne se termine guère qu'avec la mort du Grand Roi, celui-ci n'ayant jamais cessé de remanier dans leur détail bassins, bosquets et décoration sculpturale. Mansart et Le Brun furent les deux principaux ordonnateurs de Marly, où 11.686.969 livres (46.747.876 francs environ) furent finalement dépensés. De toute la féerie des jardins, des eaux calmes ou jaillissantes, des statues et des marbres, accumulés autour de l'ermitage royal, et de l'ermitage lui-même, le plan seul du terrain a subsisté, et le vert décor des arbres, dans la grandiose beauté du paysage ambiant, parmi quelques ruines et quelques pierrailles.

De Saint-Germain, on suit d'abord la route de Paris, jusqu'à Port-Marly, où la Duchesse de Bourgogne, la mère endiablée de Louis XV, descendait, en dépit du Grand Roi et du médecin, se baigner dans la Seine, trouble déjà, et en rapportait, en riant, maint accès de fièvre. On tourne ensuite à droite, par la route de Versailles, et, passant devant l'intéressante Église de Port-Marly, du style Louis XVI, dont la double colonnade extérieure est lamentablement délabrée, on monte vers Marly, où l'on arrive, près de l'Abreuvoir.

L'*Abreuvoir* est le seul morceau architectural du décor de Marly dont l'ensemble nous ait été conservé. Ses pierres, ravagées par le temps, léprosées de lichens, sont demeurées debout et cintrent encore leur ligne harmonieuse, qui s'arrondit comme une enceinte de cirque romain. Des trous, qui y sont forés, retenaient des crampons de fer, auxquels étaient scellés de gros coquillages, des stalactites sculptées et des rocailles. Des restaurations partielles, grossières et peu heureuses, ont eu lieu il y a quelques années. Aux deux extrémités du mur de soutènement qui domine l'Abreuvoir, étaient posés, se découpant sur le ciel, deux groupes de Chevaux. Ce furent d'abord, sous Louis XIV, deux Chevaux Ailés, accompagnés d'une Renommée, sculptés par Coysevox, et qui furent, en 1719, transportés à Paris, sur la Place de la Concorde actuelle, à l'entrée du Jardin des Tuileries. Ils y sont toujours. Deux autres groupes furent ensuite, pour les remplacer, commandés à Guillaume Coustou. D'allure plus réaliste, ils se composent chacun d'un écuyer nu, tenant par la bride un cheval de sang qui se cabre sur ses pieds de derrière, et s'y tient debout, en un bref équilibre. Ce sont les deux groupes les plus populaires, connus sous le nom de *Chevaux de Marly*. Amenés eux aussi à Paris, à l'époque de la Révolution (en l'an IV, ou 1795), ils encadrent, face à ceux de Coysevox, l'Avenue des Champs-Élysées.

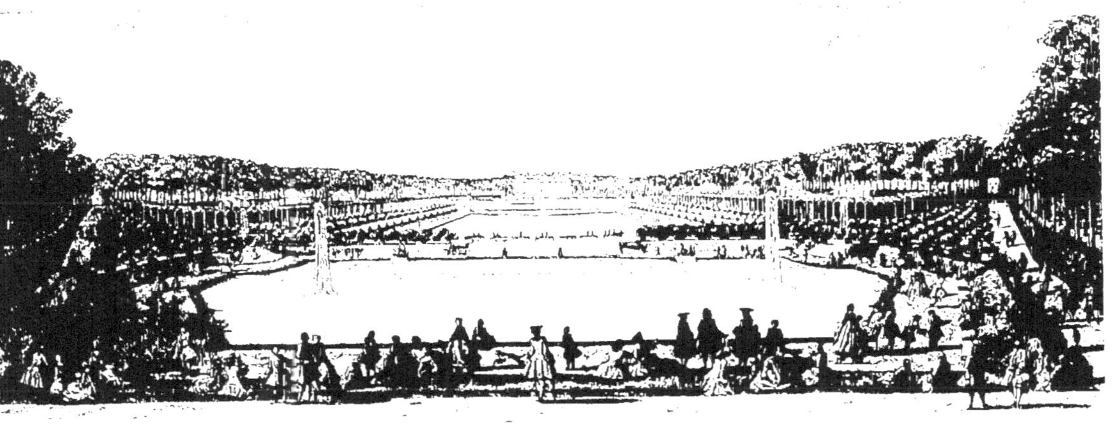

Parc, Bassins et Château de Marly, vus du côté de l'Abreuvoir.
(Estampe de J. Rigaud.)

On monte, de là, l'Avenue des Combattants, plantée de tilleuls taillés, et où l'on voit à droite la propriété, aux grands arbres, qui appartint à Rachel, la tragédienne. A gauche, on longe le mur du Parc, où s'ouvrait une Porte magnifique, aujourd'hui fermée, que couronne un fronton triangulaire, à l'Antique. Des bas-reliefs, à l'ample facture, y figurent des faisceaux de licteurs, des têtes de béliers, des haches, des casques, des boucliers et des glaives. L'écusson central portait les Armes de France, grattées à la Révolution. Les vantaux de bois ont conservé quelques-unes de leurs sculptures anciennes. Cette avenue était autrefois garnie de petits marchands, comme il s'en trouvait autour de tous les Châteaux Royaux, barbiers, horlogers, libraires, marchandes à la toilette et revendeurs de la « Desserte de la Cour ». Ainsi nommait-on les innombrables reliefs de la table du Roi et de celle des courtisans, où les trois quarts des mets servis, ou comptés, n'étaient même pas touchés ou présentés. Il y avait de quoi nourrir toute la population avoisinante, pour qui c'était une excellente et peu coûteuse aubaine. Un peu plus haut, une seconde Porte, plus simple, mais élégante encore avec ses lignes fines, donne accès à l'ancien Parc. Les bâtiments de la Surintendance, dont rien ne reste, étaient voisins ; une petite maison de garde en marque l'emplacement.

Une allée ombreuse laisse à droite, dans une dépression du sol, recouverte par de grands arbres dont les rayons du soleil transpercent à peine les ramures, la place des anciennes Glacières du Château. A gauche, une prairie et un petit bois touffu, avec une fontaine dans une excavation du sol, étaient occupés autrefois par un Mail et par le « Bosquet des Sénateurs », avec un bassin à son centre et des statues, alignées sur des socles, de Sénateurs Romains. Puis on arrive à un espace découvert, où l'on trouve une autre maison de garde et un

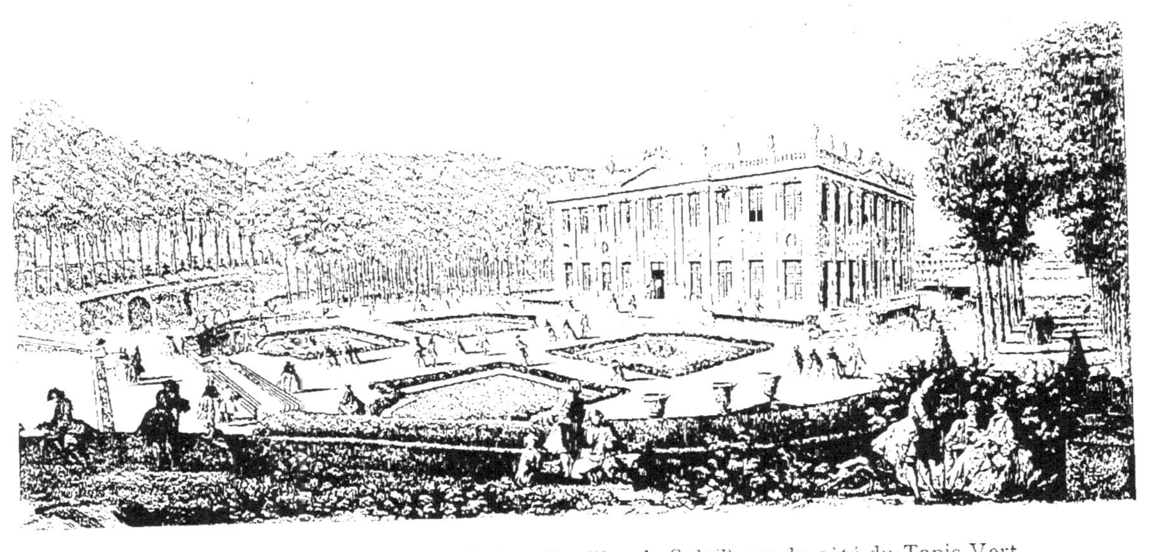

Château de Marly (Pavillon du Roi ou Pavillon du Soleil), vu du côté du Tapis Vert.

(Estampe de J. Rigaud.)

haras. Ils sont encerclés par des murs de soutènement où s'accule le terrain, qui s'élève en amphithéâtre avec ses arbres, tordant et nouant dans la pierre leurs racines, comme des serpents. C'est l'emplacement du « Grand Commun » et du « Petit Commun » (celui-ci dans le jardinet, planté de choux, qui est à gauche de la route), où logeaient les gens du service et où se préparait la nourriture destinée à la table royale. Près du Petit Commun était une « Salle de Verdure », destinée à la Collation, et, pour se mettre en appétit, on y trouvait une escarpolette. Un peu plus loin, à droite, des ruines nettement dessinées, drapées de lierre et accotées au terrain où elles s'enfoncent, avec une vague allure de tombeau égyptien, sont tout ce qui reste du « Pavillon des Offices ». Si, au contraire, on s'élevait parmi les arbres, au-dessus du haras, en appuyant vers la droite, on rencontrerait au sommet de la côte un rond-point. C'était le « Belvédère », où la vue est aujourd'hui presque entièrement obstruée, et qu'ornait jadis la statue de bronze d'Hercule terrassant l'Hydre de Lerne.

Revenant à la route, qui est encadrée de hauts et magnifiques tilleuls découpant leurs grandes masses, bien alignées (ils ont été, comme tous les arbres du Parc, replantés au cours du XIXe siècle), on parvient à une esplanade gazonnée, largement découverte, d'où l'on découvre un immense horizon vers Saint-Germain et sa forêt, et au delà, par-dessus la vallée de la Seine, vers la vallée de l'Oise. En son milieu exactement, un carré de pierres se dessine au ras du sol. Il marque les fondations du *Château*, le « Pavillon du Roi » ou « Pavillon du Soleil ». Ce pavillon, destiné au Souverain et à sa famille, élevé par Mansart en 1680, était symétrique sur ses quatre côtés et ne dépassait pas vingt et une toises (40^{m},929) sur chacun d'eux. Il se composait, sur chaque face, d'un rez-de-chaussée, avec neuf grandes portes-fenêtres, et d'un premier étage, à neuf fenêtres. Les toits étaient plats et couronnés de balustres, que débordaient légèrement quatre frontons triangulaires. Les murs extérieurs étaient, comme pour toutes les constructions de Marly, couvertes de fresques en trompe-l'œil, à l'italienne, qui figuraient ici des pilastres, des médaillons, des rinceaux, l'emblème du Soleil et divers motifs architecturaux. De même, la face du Pavillon des Offices qui regardait vers le Château simulait, en trompe l'œil, une façade de palais.

Aux quatre angles des Parterres qui entouraient le Pavillon du Soleil, quatre bassins rectangulaires, légèrement cintrés à leurs deux extrémités et tapissés de faïences multicolores, blanches, jaunes, bleues et vertes, étaient les « Bassins des Carpes ». C'est devant l'un d'eux que Mme de Maintenon, raconte-t-on regardant les gros poissons qui semblaient languissants dans leur somptueuse demeure, soupirait, en faisant un retour sur elle-même et sur le calme heureux de son obscurité passée : « Ces carpes sont comme moi, elles regrettent leur bourbe. » — En arrière, dévalant la pente de la colline, entre deux lignes d'arbres, la « Grande Cascade », dite aussi la « Rivière », déversait le torrent de ses nappes d'eau sur soixante marches de marbre. Elle fut détruite, au début du règne de Louis XV, par ordre du chiche Cardinal de Fleury, alors premier ministre, afin d'en économiser les réparations, devenues nécessaires. Elle fut alors remplacée par le Tapis Vert qui existe encore. L'excavation que l'on voit à sa base est celle du Bassin qu'emplissait l'eau de la Cascade. — En avant du Château, la perspective se développait comme aujourd'hui. On trouvait d'abord deux petits Bassins ronds, symétriques, dont l'un, à gauche, a subsisté, encombré de joncs et de plantes aquatiques, et peuplé de grenouilles. Dans la grande prairie qui fait suite et où l'on distingue encore le creux, plus verdoyant, de leurs lignes, se succédaient à la file, comme trois immenses miroirs d'eau reflétant le ciel, trois autres Bassins. Le premier était celui des « Quatre Gerbes » ; le second, le plus vaste, celui du « Grand Jet », avec un haut jet d'eau à son centre ; le troisième, celui des « Nappes ». L'eau de la Grande Cascade et celle du bassin qui la suivait, passant sous le Château dans des tuyaux souterrains, alimentait successivement ces trois bassins et se déversait finalement dans l'Abreuvoir, en contrebas du dernier d'entre eux. Le long des bassins, adossés au mur de verdure des grands arbres et à des portiques de charmilles, s'alignaient douze *Petits Pavillons* cubiques, six à droite et six à gauche, qui correspondaient aux Signes du Zodiaque. Ils étaient de l'invention de Le Brun et chacun d'eux mesurait six toises ($11^{m},694$) de façade. Ils étaient bien aménagés et c'est là que le Grand Roi logeait ses invités. Chaque année il en faisait l'attribution. Saint-Simon habita l'un d'entre eux. — Parmi les bosquets, enfin, qui s'étendaient à droite, en arrière des Petits Pavillons, à la base et sur la pente du coteau qui se relève vers Louveciennes, on rencontrait d'abord (en venant du Pavillon du Soleil) l' « Amphithéâtre de Mercure », qui était voisin de la « Cascade Champêtre ». De celle-ci une petite allée à pic, sous de grands arbres, marque exactement l'emplacement. Plus loin, au milieu de la prairie, là où une source jaillit du sol, était le « Bosquet des Bains d'Agrippine », où la mère de Néron semblait prête à sortir du bain, assise dans une piscine, sur un siège de marbre. A l'extrémité de la prairie, vers la belle Porte à fronton, aujourd'hui fermée, qui s'ouvrait sur la route de Versailles, le « Bosquet des Muses » était parallèle à celui des Sénateurs, du côté de l'arrivée [1].

(1) Ce décor est, dans son ensemble, celui qui existait à la mort de Louis XIV et qui subsista au cours du XVIIIe siècle. C'est celui que Piganiol de la Force nous a décrit en 1702.

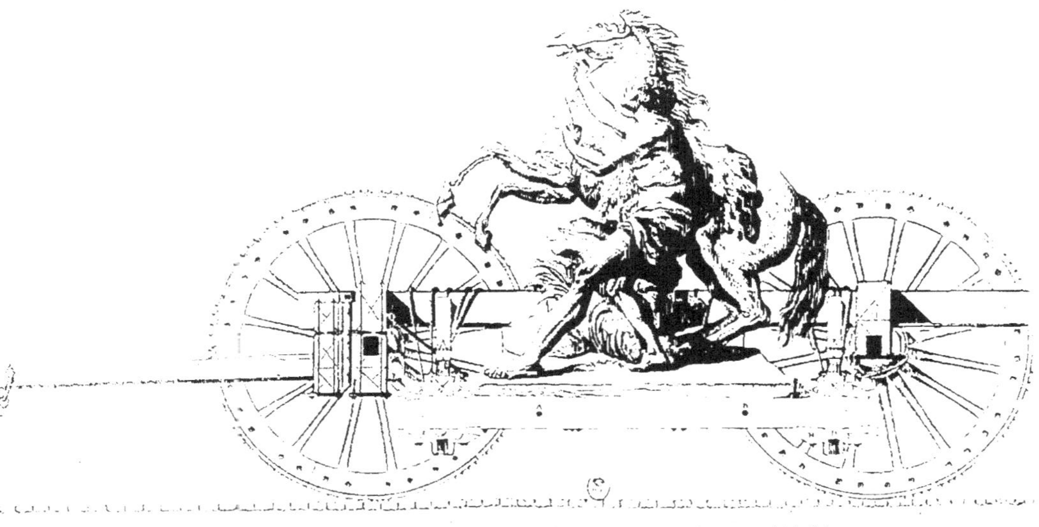

Transfert, de Marly à Paris, en 1795, des Chevaux de Guillaume Coustou.
(*Estampe de Grobert.*)

Si nous continuons maintenant, au delà du Pavillon du Soleil, nous arrivons à une Demi-Lune, qui a conservé son mur d'enceinte circulaire, et qui précède la route pavée,

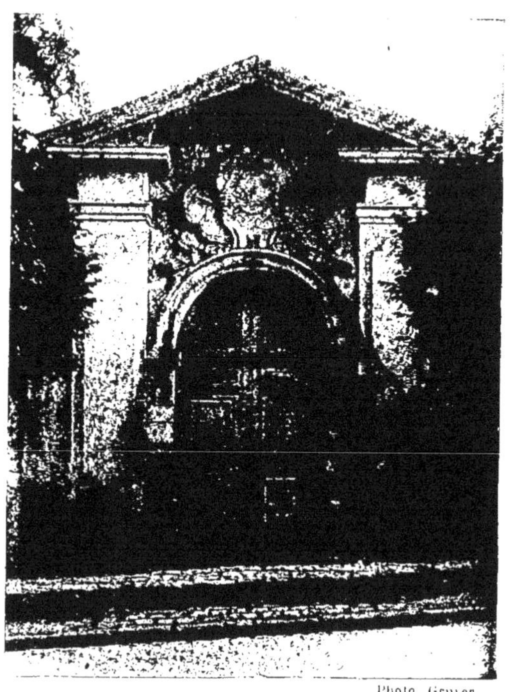

Photo Gruyer.

Porte de l'ancien Parc de Marly.
(Avenue des Combattants.)

droite comme un I et en pente rude, par où le carrosse royal arrivait de Versailles. A l'entrée de la Demi-Lune (du côté du Château), deux Pavillons symétriques étaient, l'un celui de la Chapelle, l'autre celui des Gardes. Une grille de fer forgé les réunissait et fermait la route. Non seulement les plans anciens, mais de nombreuses estampes, celles de Rigaud sont au nombre des plus charmantes, nous évoquent avec précision ce décor disparu.

La route pavée amène, à son sommet, à une autre Demi-

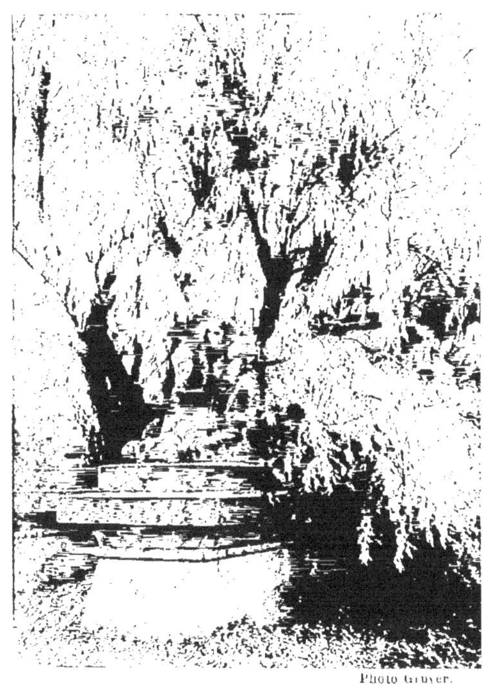

Photo Gruyer.

Les Sphinx sous le givre.
(Ancienne Propriété Sardou.)

Lune, qu'entouraient les Écuries, et qui, par la Grille Royale, ouvrait sur la route de Versailles. Cette seconde grille a également disparu. On n'en retrouve que les deux piliers de pierre, surmontés de deux Vases sculptés, de Noël Jouvenet.

Nous ne pouvons ici que rappeler brièvement quelle fut la triste fin de Marly. Pendant la Révolution, le Château fut démeublé, comme celui de Versailles, et le Parc ouvert à tout venant. Un ingénieux habitant du bourg y installa une gargotte, où il servait aux promeneurs, venus de Paris ou des environs, les carpes royales, soigneusement réunies et gardées par lui dans un seul bassin. Un certain nombre de statues, parmi les plus belles, furent transférées dans les réserves du

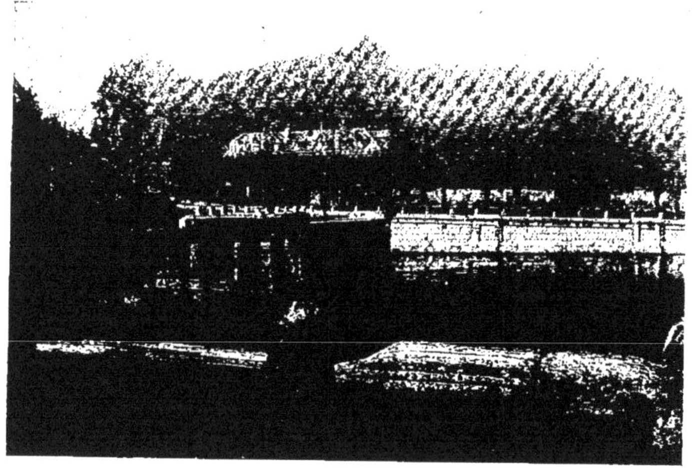

Photo Gruyer.

Abreuvoir de Marly.

Garde-Meuble. On en retrouve plusieurs au Jardin des Tuileries. Les constructions étaient demeurées debout et le Parc subsistait avec une grande partie de son ancienne parure, lorsque le Directoire, à court d'argent, résolut de liquider ce Bien National. En 1798, il vendit Château et domaine, pour une somme dérisoire, à un obscur Vandale, à un Auvergnat nommé Saniel, qui installa une filature de drap, mue par des bœufs, dans le Pavillon du Soleil. Puis, ayant fait faillite, il battit monnaie, en 1806, des arbres qu'il coupa, des plombs des bassins et des marbres, qu'il dépeça, des fers forgés qu'il arracha et vendit au poids, et finalement du Château même, qu'il débita en moellons. Tout était anéanti lorsque Napoléon arracha au gredin et lui racheta le sol, qui est depuis demeuré propriété de l'État.

C'est aujourd'hui un lieu mélancolique et beau, plein de grandeur, dont rien n'éveille plus les échos solitaires que la

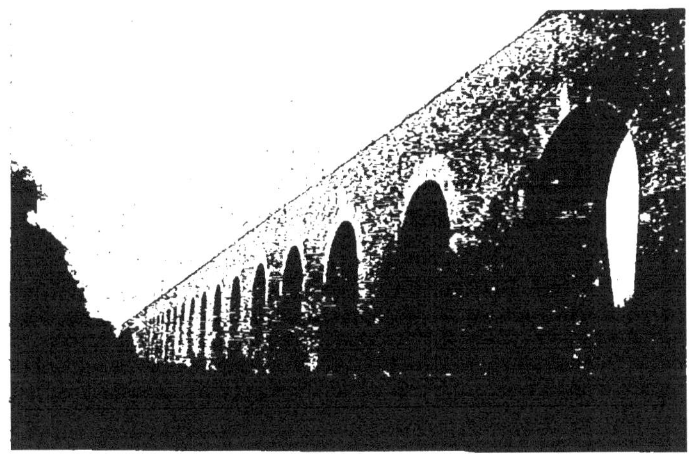

Photo Gruyer.

Aqueduc de Louveciennes.

ruée sonore des trains, dévalant de Louveciennes sur le haut viaduc métallique jeté au-dessus de la vallée, un peu au delà de l'Abreuvoir.

Maintenant rien n'est plus du palais délectable
Où le Grand Roi, soleil vivant, resplendissait,
Que des caveaux servant à des chèvres d'étable,
Des pans de murs croulés, qu'on voit parce qu'on sait.

Du Parc où le râteau striait si droit le sable,
Des cascades où l'eau des urnes susurrait,
Une mare est encore, croupie et lamentable,
Et des tilleuls noueux, que mange la forêt.

Il avait plu. La nuit, triste, fermait ses portes
Sur le jour décroissant. De larges gouttes d'eau
Tombaient dans le silence obscur de ce tombeau,

Et j'écoutais couler ces pleurs des choses mortes,
Tandis qu'avec le bruit des grands flots de la mer,
Sous les trains lourds grondait le viaduc de fer.

L'Église paroissiale de Marly-le-Roi occupe le faîte de la colline sur laquelle s'étage le bourg. Bourg très ancien, qui eut des Seigneurs féodaux, et dont il est fait mention déjà, dès l'époque mérovingienne. Dédiée à Saint Vigor, elle a été reconstruite par ordre de Louis XIV, en 1688, en style néo-romain, avec des voûtes surbaissées et une coupole ronde. Elle a conservé quelques bonnes toiles des XVIIe et XVIIIe siècles et une intéressante *Mise au Tombeau* de 1512, peinte sur bois, dans le style des Primitifs. Le maître-autel, avec les deux Anges gracieux qui l'encadrent, provient de l'ancienne Chapelle du Château de Versailles qui, pendant une partie du règne de Louis XIV, précéda la chapelle actuelle.

Une belle propriété, qui est voisine, a appartenu à l'auteur dramatique Victorien Sardou. La maison d'habitation (on ne l'aperçoit que de profil) a été construite pour Blouin, Premier Valet de chambre de Louis XIV, vers 1683 ; elle n'a été terminée que dans la première moitié du XVIIIe siècle. Une superbe grille en fer forgé, sur la Place de l'Église, a été exécutée pour Sardou, sur le dessin de celle du Potager de Versailles ; c'est lui qui a fait également placer, en arrière de la grille, les dix Sphinx égyptiens, en granit rose. A cet emplacement s'élevait le vieux Château féodal de Marly. Sur la Place de la Mairie, on retrouve, avec ses mascarons sculptés, l'ancien Chenil de Louis XIV. La Mairie est un élégant édifice du style Louis XV ; c'est l'ancien Hôtel Couvé, bâti en 1736, pour un riche bourgeois de Paris.

*
* *

Sortant de l'ancien Parc par la Grille Royale et traversant la route de Versailles, on se trouve à *Louveciennes*, l'antique « Montagne de la Louve », et à quelques pas de l'Aqueduc monumental qui alimentait les bassins et les jets de Versailles et de Marly.

Louveciennes, comme Marly, prit son importance du voisinage de l'hôte royal et de la présence de la Cour, qui se logeait dans les deux bourgs, ainsi que nombre de gens de service. Plusieurs belles propriétés y furent construites, au XVIIe et au XVIIIe siècle, dont la plus célèbre est celle qui est connue sous le nom de *Château Du Barry*. Ce château fut bâti en 1700, aux frais de la Couronne qui en demeura propriétaire, pour le Liégeois Arnold de Ville, un des deux constructeurs de la Machine de Marly. Il passa ensuite à Mlle de Clermont, fille de Mlle de Nantes (celle-ci fille légitimée de Louis XIV et de Mme de Montespan), qui y mourut en 1741 ; puis à la comtesse de Toulouse (belle-fille de Louis XIV et de Mme de Montespan) et, en 1766, à son fils, le duc de Penthièvre. En 1769, Louis XV reprit le domaine et le donna à Mme du Barry, qui y fit exécuter divers travaux. La propriété, entourée d'un parc immense qui, des hauteurs de Louveciennes, descend jusqu'à la Seine, est aujourd'hui morcelée en deux moitiés. La première comprend le Château proprement dit, qui a été extérieurement défiguré, mais qui a conservé à l'intérieur de belles boiseries sculptées [1]. — Dans la seconde est enclos, sur le rebord du coteau, à pic au-dessus de la Seine, le bijou architectural qu'est le *Pavillon Du Barry* [2]. C'est une

(1) Il appartient aujourd'hui à la comtesse de Sartiges.

(2) Il appartient à M. Loucheur, homme politique.

petite et blanche construction rectangulaire, de style néo-grec, élevée en 1770 pour la maîtresse de Louis XV. Simple pavillon de réception, pour la Collation, la Danse ou le Con-

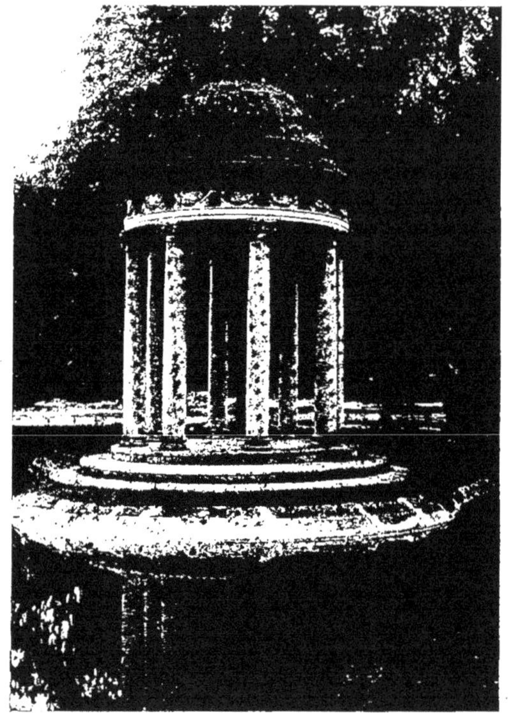

Photo Gruyer.

Louveciennes : Ancienne Propriété Du Barry.
(Temple de l'Amour.)

cert, offerts au Souverain et à quelques invités de choix, elle se compose d'un unique rez-de-chaussée. Derrière des colonnes cannelées, s'arrondit le premier Vestibule, orné d'une frise charmante d'Enfants jouant avec des chèvres. Un second Vestibule intérieur, garni de marbres, rehaussés de dorures, donne accès à un Grand Salon et à deux Petits. Le tout a été richement restauré[1]. Deux petits *Temples de l'Amour*, gracieux de lignes, dont un est moderne, ornent les deux propriétés.

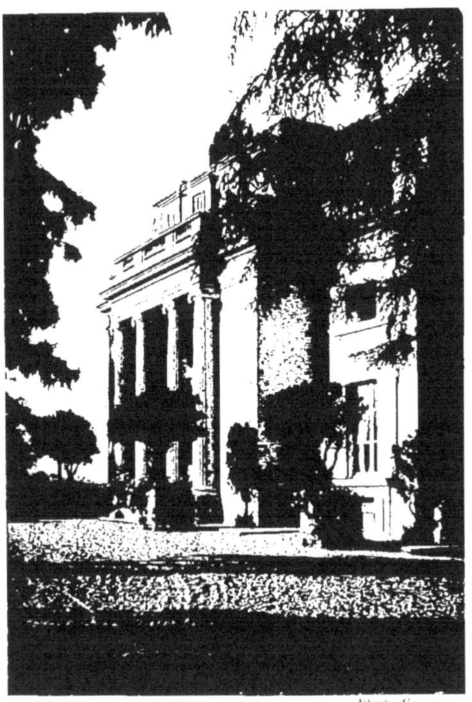

Photo Gruyer

Louveciennes : Ancienne Propriété Du Barry.
(Pavillon de Réception.)

Au-dessous du Pavillon Du Barry, de grandes roues à palettes, mues par la Seine, sont celles de la Machine actuelle

(1) Les peintures des boiseries et des portes sont aujourd'hui grises et or. Une des portes anciennes, que possède la Bibliothèque de Saint-Germain, semble indiquer qu'elles étaient autrefois bleu de roi et or.

de Marly. L'ancienne Machine était l'œuvre de deux Liégeois, le Chevalier Arnold de Ville et le Maître-Charpentier Rennequin Sualem. Elle avait été construite de 1681 à 1684, pour élever l'eau de la Seine à l'Aqueduc de Louveciennes, d'où elle était conduite à Versailles, avant qu'elle ne fût détournée, en majeure partie, vers Marly. Ses roues et ses pompes aspirantes, qui s'échelonnaient le long de la colline, étaient en bois armé de fer, et tout un mécanisme compliqué d'engrenages, de chaînes et de cordages, hissait en geignant et grondant, le liquide élément. Elle fonctionnait encore au début du XIXe siècle, tant bien que mal, pour l'alimentation publique.

Le magnifique Aqueduc est toujours debout, au faîte de la colline de Louveciennes, avec ses trente-cinq arches, semblable, dans sa robustesse majestueuse, aux monuments similaires que Rome élevait jadis pour l'éternité [1]. L'eau n'y passe plus aujourd'hui et les sources souterraines qu'aspire, dans la plaine de Croissy, la Machine actuelle, s'en vont directement à Versailles, dans des tuyaux de fonte. Mais c'est un incomparable décor, qui domine au loin la région. Du faîte de la tour terminale qui dresse, à cent trente-deux mètres au-dessus de la Seine, son énorme masse quadrangulaire, on domine à droite le haut vallon de Louveciennes, noyé dans les arbres, à gauche celui de Marly, qui se relève vers le bourg et vers son clocher. Puis c'est la forêt du même nom, vaste manteau vert qui, de ce côté, s'étend jusqu'à l'horizon. On reconnaît ensuite le Château de Saint-Germain, dont le regard survole les toits plats, la longue ligne blanche de la Terrasse, avec la Seine luisante au-dessous d'elle et, derrière elle, la

(1) Sous la sixième arche, en comptant de la tour terminale, le petit cimetière de Louveciennes abrite la tombe de Mme Vigée-Lebrun. La jolie église gothique du bourg, des XIIIe et XIVe siècles, renferme d'elle un tableau figurant *Sainte Geneviève*.

ligne sombre de la forêt, au delà de laquelle on retrouve la vallée du fleuve, vers Poissy. Du côté du nord, le cercle panoramique se termine, vers la droite, par la ligne des collines qui vont d'Herblay et de Cormeilles-en-Parisis à Sannois, Argenteuil et Montmorency. Vers la gauche, on distingue nettement le pont de pierre de Maisons-Laffitte et ses cinq arches claires, précédant le Château, dont les hautes toitures surgissent des arbres.

BIBLIOGRAPHIE

ANDROUET DU CERCEAU. *Les plus excellents Bâtiments de France*, 1576-1579; — AUSCHER (E.-S.), *L'Apothicairerie de Saint-Germain-en-Laye* (dans la *Revue de l'Histoire de Versailles et de Seine-et-Oise*, 1903); — BULARD (G.). *Les Traités de Saint-Germain de 1679*; — DESFORGES (E.), *Notice historique sur le Château de Saint-Germain-en-Laye*. 1883; — DEZALLIER D'ARGENVILLE, *Voyage pittoresque des Environs de Paris ou Description des Maisons Royales*. 1755. — DULON (J.), *Capitaines et Gouverneurs de Saint-Germain*. 1869: — ESOPE, *Œuvres de l'Esope de Saint-Germain-en-Laye, dédiées à l'Humanité*, 1704; — ESTOILE (Pierre de l'), *Journal inédit du règne d'Henri IV*, 1862; — GOUJON, *Histoire de la Ville et du Château de Saint-Germain et des communes avoisinantes*. 1829; — GUIFFREY (J.), *Comptes des Bâtiments du Roi*, 1881-1896; *Inventaire du Mobilier de la Couronne sous Louis XIV*, 1885; — GUILLAUMOT (D.-A.), *Château de Marly-le-Roi*, 1855; — HÉROARD, *Journal de la Santé du roi Louis XIII*, 1868; — HOUDARD (G.), *Les Châteaux royaux de Saint-Germain-en-Laye*. 1919-1921 (par la somme des documents précieux qu'il contient, cet important ouvrage que la mort de l'auteur a malheureusement laissé inachevé est, en dépit de réflexions souvent puériles et d'un style ampoulé, capital pour l'histoire de Saint-Germain); — LACOMBE (E.), *Le Château de Saint-Germain-en-Laye*, 1874; — LE LABOUREUR. *La Promenade de Saint-Germain, lettre à Melle de Scudéry*, 1659: — LEROY (Pierre), *Saint-Germain-en-Laye, guide pittoresque et artistique* (sans date). — MAQUET (A.), *Les Seigneurs de Marly*, 1882: — NICOLLE (H.), *Le Château de Maisons*, 1856, — NOEL (O.), *Histoire de la ville de Poissy*, 1869; — PIGANIOL DE LA FORCE, *Nouvelle description des Châteaux et Parcs de Versailles et de Marly*. 1702; — PITON (C.), *Marly-le-Roi. son histoire*, 1904; — REINACH (S.), *Catalogue illustré du Musée des Antiquités nationales au Château de Saint-Germain-en-Laye*, 1917-1918: — SAINT-ANDRE (Claude). *Mme du Barry*. 1908; — VATEL (Ch.), *Histoire de Mme du Barry*, 1883; — VITRY (P.) *Catalogue du Musée de Maisons-Laffite.*

Je dois, d'autre part, des remerciements personnels, pour l'obligeance qu'ils ont mise à me documenter, à M. Albert Bonneau, conservateur honoraire de la Bibliothèque de Saint-Germain, et à M. L. de la Tourrasse, conservateur.

TABLE DES ILLUSTRATIONS

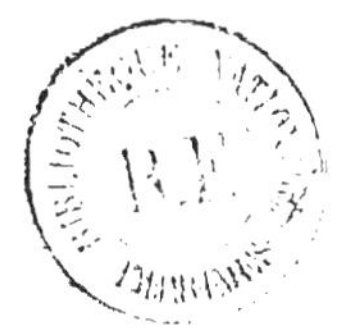

TABLE DES MATIÈRES

SAINT-GERMAIN

POISSY

MAISONS

MARLY-LE-ROI

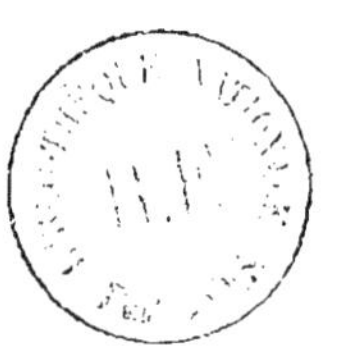

ÉVREUX, IMPRIMERIE CH. HÉRISSEY. 307

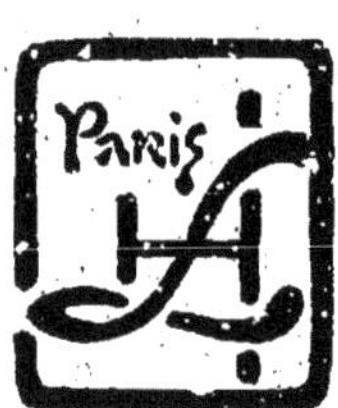
Paris

www.ingramcontent.com/pod-product-compliance
Ingram Content Group UK Ltd.
Pitfield, Milton Keynes, MK11 3LW, UK
UKHW021137260726
13994UKWH00001B/184

9 782329 040691